이기는
자의
조건

300여 년간 전해오는 어느 추기경의 정치인 독본

이기는 자의 조건

마키아벨리의 「군주론」은 만인에게 선을 베푸는 방법을 왕세자에게 투명하고 노골적으로 설파했다는 점에서 그다지 신중하지 못했다. 이 책은 오히려 반동주의자들과 예수회 궤변론자들이 탐독했다. 한편 17세기에 쏟아져나온 이러저러한 처세 관련 서적들은 폭군의 확정에 대처하기 위한 책들이 주를 이루었고, 내면의 존엄성이나 신체적 안전을 지키고 자신의 일에 성공하는 방법 따위를 강조하는 등 마키아벨리의 영향을 지나치게 드러냈다. 마자랭의 책이 출간되기 전에도 훨씬 유명세를 누리는 두 권의 지침서가 존재하긴 했다. 하나는 발타자르 그라시안이 쓴 「세상을 보는 지혜」(1647년)이고, 다른 하나는 토르쿠아토 아케토가 쓴 「정직한 위장술」(1641년)이다. 이 두 책도 흥미롭기는 하지만, 지독스레 노골적인 마차를 추기경의 지침서에 비하면 한결 독창적이라 할 수 없다. 그라시안이나 아케토는 정치인이 아니었을뿐더러, 고심해서 창안해낸 처세술도 난세에 일신을 보전하는 방법에 머무르는 경우가 태반이었다. 그라시안은 가능한 한 고통을 적게 느끼면서 다른 사람들과 조화를 이루며 살아가는 방식을 추구한다.

쥘 마자랭 지음 | 움베르토 에코 해설

정재곤 옮김

궁리
KungRee

차례

움베르토 에코의 해설

권력의 기호(記號)

솔직하게 털어놓자. 우리가 마자랭 추기경에 대해서 아는 것이라곤 뒤마[1]의 소설 『20년 후』에서 접한 것 말고는 거의 없다(물론 중고등학교 역사 교과서에 30년 전쟁이 끝나갈 무렵 그의 이름이 잠시 등장하긴 한다). 적을 설득하고 삼총사의 호칭을 내리기도 했던 위대한 재상 리슐리외 추기경과는 달리, 그의 뒤를 이은 마자랭 추기경은 고약하고 음흉하며 비열한 위선자로 그려진다. 마자랭 추기경은 약속을 지키지 않는가 하면, 빛을

---

1 | 19세기 프랑스에서 활동했던 소설가이자 극작가로, 특히 『삼총사』가 유명하다.

떼먹고, 자기 뒤를 쫓아오며 짖어대도록 훈련받은 보포르 공작의 개를 감옥에 쳐넣기까지 한다. 심지어 보포르 공작은 그를 이탈리아 비렁뱅이 출신이며 "지독히 벼락출세한 상놈"이라고까지 불렀다. 저열한 배신자인가 하면, 밤이면 왕비인 오스트리아의 앤의 침실로 숨어들어가곤 했던 비겁자이기도 하다. 왕비는 지난 시절에는 버킹검 궁을 드나들던 인물들을 꿰차곤 했다. 마자랭 추기경은 정말로 보잘것없는 인물이었을까? 우리는 소설가 뒤마가 역사적 인물을 그릴 때는 꾸며내지 않는다는 사실을 알고 있다. 뒤마는 소설에서 굴곡을 주고 실감나게는 하지만, 비록 상상의 인물을 지어낼 때도 사료와 연대기, 전기적 사실을 참고한다. 하물며 오랫동안 재상을 지냈던 마자랭과 같은 거물을 어떻게 꾸며서 그렸겠는가? 우리는 뒤마의 소설을 있는 그대로 믿을 도리밖에 없다.

나는 뒤마가 이 책을 읽었는지 아닌지 알 수 없다. 어쩌면 읽었을 수도 있는데, 왜냐하면 이 책은 1684년 쾰른의 어느 출판사에서 라틴어로 펴내 세상에 처음 소개된 이래 18세기에는 여러 나라 말로 번역되어 널리 읽혔기 때문이다. 적어도 뒤마가 이 책의 존재를 몰랐을 리 없다. 어쨌든 이 책을 피상적으로만 접할 경우 기껏해야 뒤마풍으로 그린 마자랭의 모습을 떠올리게 될 따름이다. 즉 저급한 수준의 마키아벨리와 같은 인물로, 말과 행동을 할 때 언제나 본심을 숨기고 권력자의 총애를 얻어내며, 적을 음흉한 계략으로 몰락시킬 심산으로 잔치나 벌이는 인물로 착각하기 십상이다. 하지만 이 책을 주의 깊게 읽어보면, 뒤마풍 마자랭의 모습이 담겨 있기도 하지만, 실상 그가 보여주는 복잡성과 통찰력, 체계적인 부도덕성에 엄격함이 지독히 감돌고, 인간의 냄새가 펄펄 풍긴다는 점에 혀를 내두르지 않을 수 없다.

어쩌면 혹자는 이 책이 마자랭 추기경이 직접 쓴 것이 아니라, 그가 했던 말과 행동을 한데 모은 격언집이라 주장할지도 모른다. 설사 그렇다 치더라도 어찌 이 책을 풍자적 관점에서 읽지 못한단 말인가? 예컨대 장차 왕위에 오를 왕세자에게 조언을 준다는 빌미로, 포스콜로의 말마따나 "권력자로부터 월계관을 빼앗고 그의 정체를 백성들에게 까발리는" 능수능란한 마키아벨리의 『군주론』처럼 말이다. 어쨌든 마자랭이(설사 그가 직접 쓰지 않았다 해도 상관없다) 이 책에서 밝히는 내용은 진지하기 이를 데 없다. 왜냐하면 크로스가 『이탈리아 바로크 시대의 역사』에서 말하듯이 "당시 횡행하던 흉내와 위장술, 권모술수, 위선 등은 그 시대의 험악했던 사회상황을 놓고 볼 때 널리 통용되던 수법이었으며, 정치술과 처신술에 관한 온갖 종류의 서적들이 기승을 부리던 시대였기 때문이다."

마키아벨리의 『군주론』은 만인에게 선을 베푸는 방법을 왕세자에게 투명하고 노골적으로 설파했다는 점에서 그다지 신중하지 못했다. 이 책은 오히려 반동주의자들과 예수회 궤변론자들이 탐독했다. 한편 17세기에 쏟아져나온 이러저러한 처세 관련 서적들은 폭군의 학정에 대처하기 위한 책들이 주를 이루었고, 내면의 존엄성이나 신체적 안전을 지키고 자신의 일에서 성공하는 방법 따위를 강조하는 등 마키아벨리의 영향을 지나치게 드러냈다.

마자랭의 책이 출간되기 전에도 훨씬 유명세를 누리는 두 권의 지침서가 존재하긴 했다. 하나는 발타자르 그라시안이 쓴 『세상을 보는 지혜』(1647년)이고, 다른 하나는 토르쿠아토 아케토가 쓴 『정직한 위장술』(1641년)이다. 이 두 책도 흥미롭기는 하지만, 지독스레 노골적인 마자랭 추기경의 지침서에 비하면 전혀 독창적이라 할 수 없다. 그라시안이나 아케토는 정치인이 아니었을뿐더러, 고심해서 창안해낸 처세술도 난세에 일신을 보전하는 방법에 머무르는 경우가 태반이었다. 그라시안은 가능한 한 고통을 적게 느끼면서 다른 사람들과 조화를 이루며 살아가는 방식을 추구한다(실상 그는 자기가 설파하는 것과는 달리 신중하지 못해서 수많은 고통을 겪었다). 아케토는 있지도 않은 사실을 '가장하는' 대신에(그러면 속임수가 된다), 자기가 가진 덕으로 다른 사람들을 자극하지 않도록 있는 그대로의 모습을 '감추라'고 역설한다(문제는 어떻게 피해를 줄 수 있는가가 아니라, 어떻게 하면 피해를 받지 않을 것인가에 초점이 맞춰져 있다). 마자랭은 전혀 다르다. 그는 권력자의 총애를 얻는 법과 어떻게 하면 아랫사람들의 신뢰를 얻을 수 있으며, 또 적을 효과적으로 제거하고 어떤 위장술로 권력을 유지할 수 있는지에 대해 가르쳐준다.

요컨대 감추는 것이 아니라 위장하는 것이다. 사실상 마자랭(그가 아니어도 상관없다)은 감출 것이 아무것도 없다. 그는 우리가 알고 있는 대로의, 그 자신이 만들어낸 겉모습만으로 존재하기 때문이다. 소크라테스가 한 말을 흉내낸 제1장 〈이기는 자의 조건〉을 살펴보자. 그는 무엇보다 우리가 "어떤 열정에 사로잡혀 있는지" 성찰하는 데부터 시작해서("나는 누구인가?"가 아니라 "나는 나 자신에게 어떻게 보이는가?"가 문제된다), 곧이어 치밀하게 구축해낸 가면뿐인 인간을 그려낸다. 요컨대 마자랭 추기경은 기호(記號)의 산물로서의 주체 개념을 훤히 꿰고 있다. 이 책은 '자아'를 완벽하게 가장할 수 있는 방법들을 가르쳐주는 빼어난 교과서이기에, 고프만[2] 같은 이들은 반드시 읽어둬야 한다.

한편 우리는 이 책에서 '민주적' 전략 모델을 발견하기도 하는데(마자랭이 살던 시대는 절대왕권이 지배하던 때다!), 이는 마자랭 추기경이 폭력을 통한 권력 쟁취 방법을 언급하는 경우는 거의 없기 때문이다. 설사 폭력을 동원하더라도 직접적 방식이 아니라 제삼자를 통한 방식만을 언급한다. 마자랭 추기경은 만인의 합의를 자유자재로 조작함으로써 권력을 쟁취했던 가장 눈부신 사례다. 그는 윗사람뿐 아니라 친구들, 심지어 적들의 마음까지 얻어내어 설사 죽는 순간에도 축복받을 수 있도록, 그들을 칭찬하고, 비위 맞추고, 선의와 신뢰를 의심치 않도록 하라고 이른다.

내가 보기에 이 책의 핵심을 이루는 제1장을 또다시 보도록 하자. 대개 "너 자신을 알라"는 격언은 우리 자신의 영혼을 알라는 의미다. 하지만 여기서는 정반대로 외양에 모든 초점이 맞춰지기 때문에, 당신이 다른 사람들에게 어떻게 비춰지

---

2 | 주로 인간의 상호관계에 대해 연구했던 캐나다 출신의 저명한 사회학자.

는지 알라는 뜻이다. 타인에 관한 지침들도 징후나 나라, 도시, 풍경, 친구, 적 등과 같이 외적으로 나타나는 것들에 중점을 둔다. 어느 누가 그럴 듯하게 꾸미고 있는지 어떻게 알아낼 것인가? 문제의 인물이 실상 다른 사람을 사랑하는 것은 아닐까? 혹은 내심 증오하는 것은 아닐까? 이럴 때 마자랭 추기경은 다음과 같은 식으로 처신하라고 이른다. "제삼자에게 문제의 인물을 칭찬하라. 만일 이때 칭찬의 말을 듣는 사람이 입을 다물고 있으면, 그 사람과 진정한 친구 사이가 아니다. ……알아내는 또 다른 방법이 있다. 친구 사이라고 간주되는 사람에게 그 사람이 안부를 전하라고 하거나, 그 사람이 불상사를 당했다고 전하고 그 반응을 살펴보라." 비밀을 지킬 만한 사람인지 알아내는 방법도 크게 다르지 않다. 예컨대 문제의 인물에게 당신이 신뢰하는 사람을 보내서 비밀을 털어놓도록 한다음, 그 사람이 비밀을 누설하는지 아닌지를 살핀다. 또는 마자랭 자신이 철두철미하듯 완벽하게 가면을 쓴 채 아무도 눈치 채지 못하게 제삼자에게 편지 쓰는 방법을 암시해주거나, 읽고 있는 책을 위장하는 법, 또 진지한 사람으로 보일 필요성에 대해 역설하기도 한다("상대편 얼굴을 뚫어지게 쳐다본다는 인상을 주지 말라. 코를 긁지도 말고 이마를 찌푸리지도 말라. 제스처는 가능한 한 줄이고, 고개는 반듯하게 하며 약간 근엄한 어조로 말하라. …… 일어나고 잠들 때 그리고 먹는 모습을 남에게 보이지 말라.").

또한 당신의 적수가 당신이 이끌어가고 싶은 방향으로 스스로 알아서 가도록 일을 꾸미라고도 말한다. "만일 어느 누가 당신이 갖고 싶어하는 명예를 거머쥐었다면, 그 사람에게 은밀히 전령을 보내 우정의 이름으로 일러주는 것이라며, 장차 이로 인해 닥칠 무수한 난관을 설명함으로써 스스로 포기하도록 하라." 한편 난관에 봉착하지 않도록 사전에 치밀하게 예방하라고 이르기도 한다. "매일 혹은 미리 정해놓은 날이면 시간을 할애해서 앞으로 벌어질지도 모를 일들에 대처할 수 있는 방안을 마련하라." 이 말은 오늘날의 전쟁이나 평화의 '시나리오' 이론과도 흡사하다. 다른 점이 있다면 펜타곤에서는 이 일을 컴퓨터가 담당한다는 것이다.

그런가 하면 감옥을 쉽게 빠져나올 수 있는 방법을 가르쳐주기도 하고(정치인에게는 온갖 일이 닥칠 수 있다), 당신 자신을 찬양하는 전기를 펴낼 때는 "세계 각지의 독자들이 읽을 수 있도록" 저렴한 소책자로 내라고 권하기도 한다. 또 마자랭 추기경은 자기가 가지고 있는 부(富)를 드러내지 말라고 이르기도 한다(적어도 이 점에서 뒤마는 헛짚었다). 간혹 몇몇 예외를 보이긴 한다. 어느 순간 마자랭 추기경은 초대 손님들을 놀라게 할 목적으로 베푸는 잔치를 소개하면서, 도저히 형용할 수조차 없는 호사스러운 연회를 기가 막힌 필치로 펼쳐 보인다. 바로크 시대의 호사취미를 유감없이 발휘하는 명문장이다.

결론적으로 마자랭 추기경에게 찬사를 보내는 수밖엔 없다. 우리는 이런 종류의 책을 실용적 관점에서 읽곤 한다. 그러나 당신이 이 책을 읽는다고 해서 권력을 주무르는 정치인이 될 수 있으리라고 기대하지는 말라. 결코 이 책에 담긴 내용이 나빠서가 아니다. 모두가 훌륭하기 그지없다. 다만 마자랭은 권력을 쥔 사람이라면 이미 본능적으로 이런 사실들을 '알고 있음'을 암시한다. 그런 까닭에 이 책은 마자랭 추기경의 초상화일 뿐만 아니라, 우리가 일상적으로 주변에서 늘 마주치는 전형들의 초상화를 보여주기도 한다. 이 책에서 당신은 텔레비전이나 직장에서 이미 접했던 수많은 사람들을 다시 만나게 될 것이다. 당신은 페이지를 넘길 때마다 이렇게 외칠 것이다. "어라! 이 사람은 내가 아는 사람인데!" 물론 그렇다. 우리 주변에는 명성을 누리는 또 다른 마자랭들이 여럿 존재하며, 이들은 정상에서 내려올 줄을 모른다. 이탈리아의 어느 정치인은(이 사람은 마자랭과 유사한 환경에서 일한다) 이렇게 말한 적이 있다. "권력은 권력을 가지지 못한 사람을 이용한다." 물론 마자랭은, 권력이 그런 모든 사실들을 미처 알지 못한 사람들만을 이용한다는 점을 이미 오래전에 간파하고 있었다.

저자 서문

~~~~~~~~~~~

아주 오래전 철학자들이 그랬던 것처럼, 오늘날 우리도 다음 두 가지 대원칙을 고수할 작정이다.

예전 사람들은 말하길, 자신을 억누르고 자제할 줄 알아야 한다고 했다. 오늘날 우리는 오히려 이렇게 말하고자 한다. 위장하고 감출 줄 알아야 한다고. 또는 자기 자신을 알고 다른 사람들을 알아야 한다고. 이 말은 내가 잘못 생각하는 것이 아니라면 앞서의 말과 완전히 똑같은 의미다. 따라서 우리는 두 번째 원직에서 줄발해 제1장의 이야기를 시작하고자 한다. 그런 다음 제2장에서는 인간사에서 벌어지는 다양한 일들을 사레로 들어가며 첫 번째 원칙을 살펴볼 것이다.

인간사에서 결정적 역할을 하는 것이 바로 우연인 것처럼, 나는 이 책에서 미리 정해놓은 순서에 따라 얘기할 생각이 전혀 없음을 미리 밝혀둔다.

1

이기는
자의
조건

너 자신을 알라

    당신은 화를 쉽게 내는 편인가? 겁이 아주 많다거나 정반대로 너무 대담한 편은 아닌가? 가슴에 어떤 열정을 품고 있지는 않은가? 어떤 성격상의 약점이 있지는 않은가? 당신은 교회에서나 식탁에서, 혹은 대화 중이거나 카드놀이를 할 때, 또는 기타 여러 경우에 사람들이 흔히 하는 행동과는 다르게 행동하지는 않는가?

    우선 당신 자신의 겉모습을 되돌아볼 필요가 있다. 혹시 내 눈초리가 건방져 보이는 것은 아닌가? 다리나 목이 너무 뻣뻣한 것은 아닌가? 혹은 나도 모르게 눈썹을 찌푸리거나, 걸음걸이가 너무 빠르거나 느린 것은 아닌가? 만일 그렇다면 바로잡아야 한다.

그런 다음 당신이 만나는 사람들을 살펴봐야 한다. 평판이 좋은 사람인가? 부자인가? 똑똑한 사람인가?

당신 스스로는 어떤 경우에 자제력을 잃고, 상궤에서 벗어난 말이나 행동을 하게 되는지 자문해봐야 한다. 모임에서 술을 너무 많이 마실 때? 돈이 걸린 카드놀이를 할 때? 혹은 나쁜 일이 닥쳤을 때인가? 요컨대 타키투스가 말했듯이 "인간 영혼이 약점을 드러내는" 순간이 언제인지 스스로에게 물어봐야 한다.

보통 사람이라면 별문제 없지만 당신이라면 어울리지 않을 수상쩍은 장소에 들락거리지는 않는가?

당신은 이 모든 경우 어떻게 처신하는지 스스로 잘 살펴야 하고, 경계를 소홀히 해서는 안 된다. 바로 그런 점에서 이 책은 당신에게 도움을 줄 것이다. 다시 말해 과거에 당신이 어떤 장소, 어떤 사람들과 어울리거나 어떤 상황에 처했을 때 앞서 말한 잘못들을 범했고, 또 앞으로 어떻게 하면 당신 스스로의 격에 맞고 또 상대의 격에 맞게 행동할 수 있을지를 가르쳐줄 것이다. 무엇보다도 당신 스스로 자기가 가진 결함을 의식하고, 또다시 이런 잘못을 범하지 않도록 조심하는 일이 필요하다.

우선 당신이 어떤 상황에 처했을 때 무작정 자기 약점에 이끌리는 대신, 스스로에게 다음과 같이 다짐하라. 예를 들면 당신이 누군가에게 모욕을 당해서 몹시 기분이 상했을 때, 그런 내색을 전혀 하지 말도록 하라. 당신이 느끼는 기분 그대로를 상대방에게 노출해 좋은 일이 생기지 않는 한, 당신은 자제해야 하고 또 복수하려 들지 말아야 한다. 오히려 아무런 모욕도 못 느끼는 듯 처신하라. 그리고 때를 기다리라…….

당신 얼굴에 그 어떠한 감정도 나타내지 않도록 해야 한다. 대신 언제나 변함없이 화기애애한 표정만을 짓도록 하라. 더불어 누군가가 당신에게 선의를 베풀었다고 해서 반색해서도 안 될 일이다.

또한 당신은 다음의 원칙을 반드시 지켜야 한다. 모든 사람들에 대한 정보를 가져야 하고, 당신 자신의 비밀에 관해서는 그 누구에게도 발설해서는 안 된다. 당신은 다른 사람들에 관한 비밀을 캐내는 데 한순간도 게을리해서는 안 된다. 이를 위해서는 수단방법을 가리지 않고 모든 사람을 염탐해야 한다.

어떠한 경우라도, 더욱이 다른 사람들과 함께 있는 공개된 장소에서는 상궤에서 벗어나는 그 어떤 말이나 행동도 해서는 안 된다. 당신이 설사 악의 없이 솔직하게 말이나 행동을 하더라도, 다른 사람들은 언제고 전혀 다른 방식으로 받아들일 수 있기 때문이다. 따라서 최상의 처신술은 주위의 반응을 은밀하게 살피면서 언제나 조심스런 태도를 취하는 것이다. 요컨대 설사 당신이 호기심이 동하더라도 이런 기색이 당신 눈썹을 넘어서도록 해서는 안 된다.

내가 보기에 똑똑하고 능숙한 사람은 이렇게 처신함으로써 곤란하고 어려운 상황을 넘기는 듯하다.

또한 다른 사람들을 알라

병이 났거나 술에 취했을 때, 연회장에서, 이완과 웃음의 순간, 도박, 여행 등은 사람들이 일상에서 벗어나 비교적 쉽게 자기 속내를 드러내는 때다. 이를테면 야수가 자기 동굴 밖으로 나오는 때라 할 수 있다. 당신은 바로 이런 순간을 사람들에 관한 귀중한 정보를 얻는 기회로 삼아야 한다. 마찬가지로, 목표로 삼은 사람이 고통을 겪거나 특히 부당한 일을 당했을 때도 좋은 기회가 된다. 그런 때일수록 더욱 열심히 찾아가고 만나서 호기를 제대로 이용할 줄 알아야 한다. 또는 목표 인물을 직접 통하지 않고, 그 사람의 친구나 가족에게 접근해서 정보를 얻어내는 방법도 매우 유용하다. 그 집의 하인들에게 작은 선물을 줘서 매수하는 방법도 잊어서는 안 된다. 그러면 그들은 당신에게 기꺼이 그에 관한 수많은 정보를 줄 테니 말이다.

만일 누가 특정 사안에 대해서 확고부동한 생각을 가지고 있는데도 전혀 내색하지 않는다는 의심이 들면, 당신은 대화 중에 짐짓 정반대 의견을 가진 듯이 꾸며서 이야기해보라. 그래서 상대가 정말로 다른 관점을 가지고 있다면, 그가 비록 사람들을 불신하고 아무리 조심을 하더라도 기분이 몹시 상해서 반대 의견을 털어놓지 않을 수 없고, 자기 의견이 정당하다는 점을 역설하려 들 것이다. 그럴 때 당신은 그 사람이 내심 어떤 생각을 가지고 있는지 알아낼 수 있다.

상대의 약점이 무엇인지 알아내는 좋은 방법이 있다. 다름 아니라 우선 처음엔 사람들이 흔히 저지르는 잘못을 화제로 삼다가, 이어서 상대가 가지고 있다고 의심되는 약점에 대해서 운을 떼본다. 만일 당신이 품고 있는 의심이 맞는다면, 상대는 자기가 가진 바로 그 약점에 대해 오히려 격렬하게 비난하고 험구를 늘어놓을 것이다. 이런 태도는 흔히 남을 설교하려는 자들이 바로 자기가 가지고 있는 약점에 대해서 더할 나위 없이 가혹하게 비판하는 반응방식이기도 하다.

음흉한 사람을 가려내는 방법이 있다. 겉과 속이 다르다고 의심되는 사람에게 어떤 사안에 대해서 의견을 물어보라. 그런 다음 며칠 후 똑같은 사안에 대해 또다시 그의 의견을 물어보라. 만일 상대가 처음에 당신을 속이려 했다면, 그가 두 번째로 하는 말이 처음 말과 다를 것이다. 이런 일이 생기는 까닭은 우리가 참말보다 거짓말을 더 쉽게 잊어버리기 때문이다.

상대가 잘 알고 있는 사안을 당신이 설사 잘 모르더라도 마치 잘 아는 듯 가장하라. 그러면 상대는 당신이 하는 말을 고쳐줌으로써 은연중에 자신이 사안을 잘 안다는 사실을 드러내게 된다.

어떤 사람이 불행한 일을 당해 심한 충격을 받았을 때는 놓치지 말고 그를 찾아가서 비위를 맞추라. 이때야말로 그 사람이 가상 은밀하고도 가장 깊숙이 감춰놓은 자기 속내를 털어놓는 호기일 수 있다.

상대가 눈치 채지 못하도록 그 사람의 삶이 어떠한지 스스로 털어놓도록 하라. 그러기 위한 가장 좋은 방법은 바로 당신이 자신의 삶을 털어놓는 듯이 꾸미는 것이다. 그러면 상대는 자기가 다른 사람들을 어떻게 속였는지도 당신에게 털어놓게 될 테고, 이를 토대로 그 사람의 현재 상황을 해석할 수 있는 여지가 생긴다. 이때 당신 자신의 삶이 어떠했는지는 전혀 노출하지 않도록 조심해야 한다.

상대가 가진 능력을 정확하게 판단하는 방법이 있다. 예를 들면 상대 앞에서 짧은 시 한 편을 읊어보라. 만일 상대가 그 시가 유명하지 않은데도 열광적으로 반응한다면, 그 사람은 사실 그 시를 잘 모르는 것이다. 마찬가지로, 고급 음식을 대접해보면 그 사람이 진짜로 미식가인지 아닌지 알 수 있다. 이런 식으로 떠보면 상대가 가진 능력을 가늠할 수 있다.

또는 여러 사람끼리 중요 사안을 놓고 모의 토론을 가져보

라. 그러면 제각기 자기 차례에 생각하는 바를 열심히 떠들어 댈 것이다. 바로 그때 사람마다의 자질과 능력을 눈여겨볼 필요가 있다. 농담이나 우스갯소리에도 언제나 일말의 진실이 담겨 있게 마련이기 때문이다.

당신이 의사는 아니지만 경우에 따라선 다른 사람이 먹는 음식에 약을 섞어서 기분이 좋아지게도 하고, 또 말이 많게끔 만들 필요도 있다.

비뚤어진 사람인지 아닌지를 알 수 있는 가장 좋은 방법은 그 사람이 자기가 하는 말을 자주 번복하는지 살펴보는 일이다. 자기 말을 쉽게 뒤집는 사람은 언제라도 당신을 속일 수 있다.

이와는 반대로 자기 자랑을 너무 늘어놓아 성가시게 구는 사람은 두려워할 필요가 없다. 대신 침울하고 성미가 고약한 사람이 강압적인 큰 목소리로 끝없이 설교를 늘어놓을 때는 조심해야 한다. 대개 그런 사람은 손톱을 아주 짧게 깎고, 종교적 신념이 담겨 있지도 않은 고생담을 늘어놓는다.

출신이 천한 졸부인지 아닌지는 사치스런 옷치장이나 요

란한 잔치를 베푸는지로 판단할 수 있다. 어렵게 재산을 긁어
모은 졸부일수록 필요 이상으로 물질적 풍요에 경도돼 있기
때문이다.

술이나 여성을 좋아하는 사람은 결코 비밀을 간직할 능력
이 없다는 사실을 잊어서는 안 된다. 색을 밝히는 사람은 여성
에게 놀아나게 마련이고, 술을 좋아하는 사람은 일단 술이 들
어가면 자기가 무슨 소릴 해내는지 모르기 때문이다.

말을 부풀리는 사람이나 허풍쟁이들을 자기가 판 함정에
스스로 빠져들게 만드는 방법이 있다. 그들이 여행담이나 활
약상 또는 모험담을 자랑스레 늘어놓거나 특정 장소에서 오랜
세월을 보냈다고 이야기하면, 잘 적어놓고 또 이따금씩 언제
부터 그런 모험을 시작했으며 언제 끝이 났는지, 그때 나이가
정확히 몇 살이었는지 물어본다. 그러면 간단한 계산만으로도
그들이 허풍을 떤다는 사실을 알아낼 수 있다.

또는 있지도 않은 가공의 도시 이름을 대면서 그곳엔 궁전
이 몇 채고 도시를 굽어보는 곳에 요새가 있다느니 하면서 이
리저리 질문을 던져보라. 또는 이야기하는 사람의 인생역정을

잘 알고 있다는 듯이 힘든 일을 겪었는데도 어쩌면 그렇게 꿋꿋하냐고 치켜세우기도 해보라!

진실한 사람인지 아닌지는 그 사람이 영위하는 삶이 조화로운지 아닌지를 보면 안다. 진실한 사람에겐 거짓된 겸양은 눈을 씻고 봐도 찾을 수 없고, 말이나 행동에서 계산의 기미도 읽을 수 없다. 올바른 사람은 굳이 말을 매끈하게 하려고 애쓰지도 않고, 모든 사람에게 자기가 먹고 마실 것이 없다고 엄살을 피우는 사람과는 달리 고생스럽더라도 떠벌리지 않는다.

일반적으로 침울한 사람이나 겁이 많은 사람은 자기가 야심도 없고 거만하지도 않다고 공개적으로 떠벌리곤 한다. 사실상 이런 사람은 모욕을 줘도 크게 뒤탈이 없는데, 왜냐하면 금세 당신과 화해하려 들기 때문이다.

술수에 능한 사람은 짐짓 부드러운 태도를 취하고 매부리코에 눈초리가 매서운 경우가 많다.

상대가 똑똑하고 머리가 좋은 사람인지 알려면 미묘한 문제에 대해 그 사람에게 사문을 구해보면 알 수 있다. 게다가 답변을 듣다 보면 그 사람이 결단력이 있는지 없는지도 알 수 있다.

약속을 너무 쉽게 하는 사람은 경계해야 한다. 대개 그런 사람은 거짓말쟁이거나 신의를 저버리는 사람일 경우가 많다.

상대가 비밀을 지키는 사람인지를 알려면 그 사람이 당신과 친하다고 해서 다른 사람에 관한 비밀을 얘기하는지 그렇지 않은지를 보면 알 수 있다. 더 확실한 방법은 그 사람에게 당신 수하의 사람을 보내서 비밀 이야기를 전하게 한 다음 이 사실을 나중에 당신에게 고하는지를 보고 판단하거나, 아니면 그 사람이 당신이 보낸 수하의 사람에게 당신이 그에게 말했던 비밀을 털어놓는지 확인해보면 된다. 상대가 남자라면 그 사람이 좋아하는 여성이나 아이에게는 비밀을 쉽게 털어놓고, 또 이 세계(정치계)의 거물들이나 그 사람에게 호의를 베푸는 대공(大公)들에게도 비밀을 쉽사리 털어놓는다는 사실을 명심하라. 어쨌든 누군가가 당신에게 다른 사람에 관한 비밀을 털어놓는 경우에는 그 사람에게 아무리 사소한 비밀이라도 누설하지 않도록 경계해야 한다. 그런 사람은 자기와 친한 사람들과 어울리면 당신에게 했던 것과 똑같이 행동할 테니 말이다.

이따금씩 당신 수하의 사람들에게 오는 편지를 가로채서 읽어볼 필요가 있다. 편지를 조심스럽게 읽은 뒤 그들이 눈치 채지 못하도록 다시 배달하라.

도를 지나쳐서 우아함을 추구하는 사람은 남성 동성애자인 경우가 많다. 이런 사람은 도덕관념이 희박하다.

진짜 군인은 지나치게 장식한 무기를 쓰지 않는 법이다. 마찬가지로 훌륭한 예술가는 나이가 아주 어린 경우가 아니라면 지나치게 아름답거나 도가 지나치게 정교한 도구를 사용하지 않는다. 진실로 박식한 사람은 부질없는 짓에 시간을 허비하지도 않고, 사람들 눈에 띄려 하지도 않는다.

아첨꾼을 알아내는 좋은 방법이 있다. 당신이 마치 못된 짓을 해놓고도 자랑스럽다는 듯이 상대방에게 털어놓아보라. 만일 상대가 당신을 칭찬한다면 그 사람은 아첨꾼이다. 진실한 사람이라면 아무 말 없이 입을 다무는 법이다.

가짜 친구를 분별해내려면 그 사람에게 수하의 사람을 보
내 당신이 망하기 직전이라거나 곤경에 빠졌다고 고하도록 하
거나, 당신이 이 바닥에서 굳건한 지위를 누릴 수 있도록 해준
서류가 사실은 위조한 것이라고 거짓으로 고해보라. 그래서 만
일 그 사람이 당신이 보낸 사람의 말을 그저 건성으로 들으면
당장 친구 목록에서 지워버려라.

그런 다음 또다시 그에게 사람을 보내 당신이 도움과 조언
을 청한다고 전하라. 그런 다음 반응을 살펴라. 하지만 비록
그 사람이 믿지 못할 사람이란 증거를 확보했더라도, 그 사람
에 관해 당신이 전해 듣게 된 말을 도저히 믿을 수 없다는 듯
이 처신하라.

무식한 사람은 요란하게 치장하는 호사취미가 있고, 집이
나 가구류도 눈에 띄게 번쩍거리게 꾸민다. 마찬가지로 우리
는 대화 중에 문법에 어긋나는 말을 하게 될 경우 이를 감추려
고 이내 큰 소리로 웃어댄다.

키 작은 사람을 경계할 필요가 있다. 이런 사람들은 고집이 세고 공격적이다.

당신 친구들 사이의 유대관계를 시험해보려면, 한 친구 앞에서 다른 친구의 욕을 마구 해대거나, 아니면 정반대로 입에 침이 마르도록 칭찬해보라. 그래서 상대방이 침묵을 지키거나 냉랭한 태도를 취하는 등의 반응을 살피면 그걸로 족하다.

여러 사람과 함께 있을 때를 이용해서 각각의 사람들에게 미묘한 문제에 관해 어떻게 생각하는지를 물어보라. 그러면 당신은 제각기 다른 답변을 통해서 개개인의 성격과 지적 수준을 가늠할 수 있다. 더불어 특정인을 속일 수 있는 방도가 있는지 의견을 구해보라. 그러면 당신은 의견이 분분한 가운데 그 자리에 모인 개개인의 본성을 파악할 수 있다.

예를 들어 당신이 박해받는 이야기를 꺼냈을 때, 이 문제를 놓고 가장 열변을 토하는 사람이야말로 바로 박해를 가장 많이 받았던 사람이란 점을 명심하라.

대개 거짓말쟁이는 웃을 때 보조개가 들어간다.

겉치레에 지나치게 신경 쓰는 사람은 두려워할 필요가 없다.

아주 어린 젊은이나 치매 노인은 모든 분야에 걸쳐서 대단히 말이 많다는 점을 명심하라.

음흉한 사람은 똑같은 문제를 놓고서도 상황에 따라 이렇게도 말하고 저렇게도 말한다. 조심해야 한다.

외국어를 여럿 구사하는 사람은 종종 무분별한 행동을 하는 경우가 있는데, 머릿속이 복잡해서 판단력이 흐려질 수 있기 때문이다.

못된 사람이 갑자기 착한 사람처럼 보일 때는 조심해야 한다. 뭔가 숨기는 일이 있다.

만일 누가 당신이 하는 말을 그대로 옮기고 다닌다는 의심이 들면, 그 사람에게 당신 자신에 관계된 것으로 아직 누구에게도 털어놓지 않았던 사소한 사실을 고백하라. 그래서 이 사실이 떠돈다면 누가 나발을 불고 다니는지 대번에 알 수 있다.

어떤 사람들은 자기가 꾼 꿈 이야기를 하길 좋아한다. 이런 사람에게는 본인이 좋아하는 꿈 이야기를 시켜서 시시콜콜 이것저것을 캐물어라. 그러면 그 사람의 속내를 꽤 알게 될 테니 말이다. 예를 들어 누군가가 당신을 좋아한다고 말하면 그 사람이 어떤 꿈을 꾸는지 물어보라. 만일 그 사람이 당신 꿈을 꾼 적이 없다면 당신을 좋아한다는 말은 거짓말이다.

다른 사람이 내심 당신에 대해 어떤 생각을 갖고 있는지 알려면 그 사람에게 다정하게 대해주거나, 아니면 정반대로 쌀쌀맞게 굴라. 그래서 그 반응을 살피면 그 사람의 진심을 알아낼 수 있다.

설사 과거에 나쁜 짓을 했더라도 이 사실을 전혀 내색해서는 안 된다. 특히 다른 사람들이 저지른 잘못에 대해서는 과도하게 비난하지 말라. 만일 그런 반응을 보이면 당신도 똑같은 잘못을 저질렀던 것이 아닌가 하는 의심을 사게 된다.

밀고자가 당신에게 와서 누군가를 고자질하면, 당신은 그 사실을 이미 알고 있을 뿐만 아니라 그보다도 더 잘 알고 있다는 듯이 가장하라. 그러면 밀고자는 세세한 부분까지 털어놓게끔 되어서, 당신은 그러지 않고서는 도저히 알아낼 수 없는 수많은 사실들을 얻어들을 수 있다.

간간이 잔기침을 해가며 꾸민 목소리로 말하는 사람은 대개 갈 데까지 간 남성 동성애자다. 작은 체구에 한껏 멋을 부렸고, 볶은 머리에 포마드를 발랐으며, 남의 시선을 끌려 하거나 아직 어린티를 벗지 못한 청소년들을 곁눈질하는 신사 양반도 마찬가지다.

위선자들은 늘 이야기나 소문을 퍼뜨리는 법이다. 위선자들은 당연히 당신이 하는 얘기는 무조건 옳다고 하고 당신과 아주 친한 척을 한다. 그런데 바로 그 위선자가 당신 면전에서 다른 사람을 욕하는 경우에는 조심해야 한다. 그 작자가 이내 똑같은 방식으로 당신 흉을 볼 테니 말이다.

다음과 같은 방법을 쓰면 어떤 사람이 비밀을 지키고, 또 어떤 사람이 비밀을 누설하는 사람인지 분간할 수 있다. 우선 한 사람에게 비밀이라면서 어떤 사실을 말해준다. 그런 다음 두 번째 사람에게도 똑같이 비밀을 말해준다. 그러고 나서 세 번째 사람에게 당신이 꾸민 일의 전모를 말해주고, 앞서의 두 사람을 불러서 은연중에 비밀을 넌지시 암시하도록 한다. 그러면 그 결과에 따라 두 사람의 성격을 파악할 수 있고, 누가 더 입이 가벼운지 알 수 있다. 만일 어떤 사람이 셋 모두 비밀을 알고 있다는 사실을 눈치 채고서도 입을 다문다면, 당신은 정말로 찾아보기 힘든 진주를 발견한 셈이다. 그런 사람은 당신의 비서로 삼도록 하라.

어떤 사람의 진심을 알아내려면 그가 사랑하는 사람을 회유토록 하라. 중간에 선 그 사람이야말로 상대의 가장 은밀한 비밀이 무엇인지 말해줄 수 있다.

2

나를
버리고
세상을
얻는
방법

나는 이미 발을 들여놓은 길을 따라서
내키는 대로 말을 이어갈 작정이다.

다른 사람의 마음을 얻는 법

　당신이 가까워지고 싶은 사람이 있으면 그 사람이 무엇에 관심이 있는지 관찰하고, 그 사람의 관심과 성격에 부합하는 선물을 하라. 예를 들면 수학에 관한 서적이나 『자연의 마법과 자연의 기적』[3] 또는 미조[4]가 저술한 책들이 좋은 선물이 될 수 있다.

　그 사람을 자주 찾아가고, 그에게 조언을 구하고, 그 사람의 생각에 동조하라. 하지만 당신 자신을 너무 드러내지 않도록 조심해야 한다. 행여 그가 당신의 적이라도 되는 일이 벌어시민 당신의 약점을 그대로 노출한 셈이 되기 때문이다. 그 사람에게 부탁할 때는 흔쾌히 들어줄 수 있는 일을 부탁해야지, 마지못해 들어줘야 하는 일은 절대 부탁해서는 안 된다. 공식 행사 때나 그의 생일날, 또는 병에서 나았을 때는 반드시 그에게 간단하지만 점잖은 축하의 말을 전하도록 하라. 그가 가진 장점을 항상 일깨우라. 하지만 그의 약점에 대해서는 일언반구도 발설해서는 안 된다. 그리고 그 사람에게 귓속말로 다른 사람들, 특히 그보다 높은 사람들이 그에 대해 하는 칭찬의 말을 속삭이라.

어떤 경우라도 그 사람 앞에서는 그의 허물에 대해서 입을

---

3 | 이탈리아의 물리학자이자 작가인 잠바티스타 델라 포르타(Giambattista della Porta, 1535~1615)의 책이다. 그는 과학과 마법, 미신과 신앙을 함께 아우르는 절충주의적 사고방식을 가지고 있었음에도 불구하고, 근대 과학을 수립한 선구자 가운데 한 사람이다. 델라 포르타는 시각굴절에 관한 논고를 저술하기도 했는데, 그가 제시한 이론에 따라 '검은 방(chambre obscure)'이 고안되었을 뿐만 아니라, 케플러의 증언에 따르면 처음으로 망원경을 만드는 데도 커다란 공헌을 했다. 『점성가』, 『성난 여인』, 『모르인(人)』, 『경쟁하는 두 형제』 등의 희극과 『페넬로페스』와 같은 희비극을 쓰기도 했다.

4 | 앙트완 미조(Antoine Mizauld, 1510~1578)는 점성가이자 마르그리트 드 발로와 기 파탱의 친구였다. 그는 40여 편의 책을 저술했다. 가브리엘 노데는 그의 작품들을 "무기력과 거짓말, 유치한 이야기로 가득한 골칫거리"라 혹평했지만, 드 투는 극찬을 아끼지 않았다. 흥미롭게도 그를 마자랭 추기경에게 소개했던 인물은 바로 가브리엘 노데였다. 그의 책 중에서 가장 유명한 『개개인의 품성을 이마와 그 윤곽만 보고서 판단하는 새로운 방식』은 마자랭 추기경이 인상학적 해석을 내리는 데 많은 도움을 주었을 것으로 여겨진다.

다물어야 한다. 또한 설사 그 사람이 아무리 간곡한 어조로 말해달라고 해도, 다른 사람들에게서 들은 그 사람의 허물을 발설해서는 안 된다. 만일 그래도 무슨 얘기들을 하는지 알려달라고 계속 조르면, 아주 사소한 허물 말고는 도대체 그가 어떤 잘못을 저지를 수 있는지 짐작조차 못하겠다는 표정을 지으라. 그것도 아니라면 그 사람이 이전에 당신에게 직접 털어놓은 허물들만 열거하라. 이런 종류의 진실은 아무리 조심해서 털어놓더라도 당사자는 언제고 씁쓸한 감정을 곱씹지 않을 수 없기 때문이다. 진실에 가까울수록 더더욱 그렇다.

가능한 한 자주 당사자가 아닌 제삼자를 통해서나 주변 사람들에게 보내는 편지에서 그 사람의 안부를 묻도록 하라. 정기적으로 그 사람에게 편지를 쓰라. 그 사람의 생각과 다른 의견을 결코 옹호하지 말라. 그 사람의 심기를 거슬리지 않도록 유의하라. 경우에 따라선 그 사람 자신이 직접 나서서 당신을 설복하도록 만들라. 그래서 당신은 그 사람 의견을 받아들이는 척하면서 바로 그 사람이 당신의 생각을 바꿔놓았다고 믿게 하라.

때론 망설이지 말고 그 사람이 가진 작위를 들먹이며 지칭하도록 하라. 그리고 그 사람이 일을 꾸밀 때는 비록 현실성이 없더라도 언제나 전폭적으로 지원하겠다는 의사를 밝히라.

하지만 절대 그 사람이 하는 나쁜 행동을 본떠서 그의 환심을 사려 해서는 안 된다. 더불어 결코 당신 자신의 신분에 어긋나는 행동을 해서도 안 된다. 예컨대 성직자라면 너무 심한 농담이나 지나치게 술이 많이 나오는 연회나 우스갯소리는 금물이다. 당신이 기분 내키는 대로 행동하면 당장 사람들의 환심을 살 수 있을는지 모르지만, 이내 조롱과 멸시가 쏟아지게 마련이다. 나중에라도 그런 행동은 사람들의 집요한 증오심을 불러일으킬 수 있다. 상궤에서 벗어났으나 부도덕한 행동이라고까지 말할 수는 없는 경우도 사정은 마찬가지다.

당신이 누군가와 친한 사이가 되고 싶으면, 우선 의중에 둔 사람의 주변 인물 중에서 누가 그의 총애를 받고, 그의 밑에서 일을 꾸미며, 다른 멤버들을 조종할 수 있는 권한을 지녔는지 알아내야 한다. 그리고 모든 방법을 동원해서 개개의 사람들을 파악해야 한다. 그러면 나중에 당신에게 큰 힘이 될 것이다. 또는 이 사람들의 조언을 얻어서 당신이 계획하는 일을 진척시킬 수도 있다. 특히 이들이 조언한 대로 일이 진행되는지 관심 있게 지켜보는 주위의 시선이 존재하는 경우엔 더더욱 유리하다. 또는 당신이 누구를 유혹하는 데 그들이 도움을 줄 수도 있다. 그리고 만일 당신이 복수하고 싶은 사람이 있다면, 그들 눈에 상대가 밉상으로 보이게 해서 기꺼이 복수하는 일을 돕게 만들라.

당신의 주군(主君)이 당신에게 범죄 행위를 감행하라 이르더라도 절대 받아들여서는 안 된다. 만일 당신이 명령대로 실천에 옮겨 일시적으로 주군의 총애를 받을지는 모르지만, 이내 주군은 당신을 성가신 검열관으로 간주할 테니 말이다. 게다가 주변 사람들은 당신이 주군의 명령에 따라 행동했던 것처럼 언제라도 자신들을 배반할 수 있다고 생각할 것이다. 어쨌든 그런 일에 발 벗고 나설 경우 당신은 신의와 충성심을 쉽게 저버릴 수 있는 인물로 낙인찍히게 마련이다. 당신이 도저히 그런 상황을 벗어날 수 없는 경우라면, 차라리 그 대가로 받은 보상을 챙겨서 하루라도 빨리 사라지는 편이 낫다.

당신이 어느 인물의 환심을 사고자 한다면, 제삼자에게 보내는 편지에서 의중의 인물을 칭찬하라. 그런 다음 그 편지가 의중의 인물의 수중에 들어가도록 일을 꾸미라.

친해지고 싶은 인물이 있다면 그 사람 주변에서 사람들의 환심을 사는 일에 가장 능한 사람을 찾으라. 그런 다음 그 사람이 무엇을 좋아하고 또 무엇을 싫어하는지 관찰한 뒤 행동을 개시하라. 그 사람이 비록 당신보다 지위가 낮더라도 "내 형제"라 불러주고, 그가 좋은 집안 출신이면 모든 수단을 동원해서 격상되도록 힘써라. 하지만 그 사람이 원하는 것을 통째로 안겨줘서 안주하게 해서는 안 된다. 오히려 더욱 애달게 만들려면 원하는 것을 주는 것보다, 원하는 것을 얻을 수 있다고 암시하는 편이 훨씬 효과적이다. 그 사람과는 항상 이 같은 거리감을 유지해야 한다.

무엇이든 간에 친구에게 빌려달라고 해서는 안 된다. 사람들 말에 따르면 그 친구가 가지고 있다고 하지만 실상 가지고 있지 못한 경우도 있기 때문이다. 그럴 경우 곤란한 상황에 내몰린 친구는 당신에게 원한을 품을지도 모른다. 또는 친구가 마지못해 빌려주거나 돌려받더라도 빌려준 물건이 처음 상태가 아닐 경우, 당신에게 앙심을 품을 수 있다. 무엇이든 간에 친구로부터 돈을 주고 사서도 결코 안 된다. 물건값이 너무 비싸면 당신이 기분 상할 테고, 또 너무 싸면 친구의 기분이 상할 테니 말이다. 두 경우 모두 친구 사이의 관계에 악영향을 끼친다.

친구 사이의 관계가 좀더 돈독해지려면 당신 친구가 수하에 부리는 하인들에게 빠짐없이 잘 대해주라. 만일 그렇지 않으면 날이 갈수록 하인들은 주인에게 당신을 깎아내리는 말을 해댈 것이다. 연회 때나 당신이 친구 집에 초대받아 갈 때는 그 집 하인들 생각도 하라. 그들을 전적으로 신뢰한다는 인상을 심어주고 중요한 비밀인 것처럼 꾸며 털어놓는 듯 행동하라. 또한 당신이 그 집 주인이 관계된 일이면 두 발 벗고 나설 것이란 인상을 심어주라. 하지만 하인들에게 너무 친근하게 굴어서도 안 된다. 그러면 그들로부터 무시를 당할 수 있다. 또 하인들에게 화를 내서도 안 된다. 그들에게 원한을 살 수 있기 때문이다. 그러므로 친구네 집 하인들에게 존경을 받으려면 친절과 거리감을 적절히 배합할 줄 알아야 한다.

귀한 집안의 사람들을 맞이할 때는 언제나 공손하고 애정과 호의로 대하라. 지나치게 겸양을 보이거나 비굴한 태도는 피해야 한다. 또 인색한 사람들과는 어울리지 않도록 해야 하는데, 그런 사람들은 천성적으로 야비하기 때문이다.

일반 백성들의 환심을 사려면 개인적으로 그들 각자에게 물질적 시혜를 베풀겠다고 약속하라. 그러면 감동받는다. 그들은 영광이나 명예 따위에는 관심이 없다.

아랫사람이 당신에게 자기 테이블로 와서 함께 식사를 하자고 청하면, 이를 기꺼이 수락하고 비판의 말은 일절 삼가도록 하라. 그런 다음 모든 사람들을 아주 공손히 대하라. 편안하게 대화하면서도 최소한의 위엄을 잃지 말도록 하라.

아랫사람이 동의를 표하지 않는 이상 그들이 소유하고 있는 그 무엇도 취하려 하지 말라. 만일 그들이 신세한탄을 하면 공감을 표시하라.

여러 곳에서 동시에 당신에게 선처를 부탁하는 청이 들어오면, 신경 써서 공평하게 대처하라.

만일 당신이 누군가를 비판하지 않을 수 없는 상황이라도, 결코 그 사람의 판단력이나 능력을 들어 비판하는 경우는 없어야 한다. 예컨대 가장 좋은 방법은 그 사람이 추진하는 계획이나 방식이 모든 점에서 훌륭하다고 말하는 것이다. 그러면서 다만 그 사람이 하는 일이 커다란 난관에 봉착해 있다거나 또는 비용이 과도하게 든다는 점을 지적하라.

언제나 민중의 자유를 수호하는 태도를 취하라.

당신이 가까워지고 싶어하는 사람을 잘 관찰하라. 그는 정열을 가지고 있는가? 무기를 가지고 있는가? 지식 정도는 어떠한가? 온화한 성격인가? 진실한가?

제삼자를 위해 당신 윗사람에게 청탁하는 일은 가급적 삼가라. 당신이 제삼자를 위해 했던 부탁을 윗사람이 들어주면, 이는 당신 자신이 부탁을 한 것처럼 기억될 것이다. 마찬가지로 당신 자신을 위해 윗사람에게 너무 자주 부탁하지 않는 편이 현명하다. 또한 윗사람이 당신에게 털어놓는 비밀은 절대 누설해서는 안 된다. 그러면 총애를 잃기 때문이다. 윗사람이 당신에게 범죄를 행하라고 명령하면, 가급적 시간을 벌어서 빠져나갈 궁리를 해야 한다. 예를 들면 병이 났다거나 말을 도둑맞았다거나 하는 등의 핑계를 둘러대는 것이다.

당신이 가깝게 지내고 싶은 사람의 하인들을 친구처럼 대하라. 그러면 나중에 그 사람을 쳐야 할 경우가 생길 때 보다 쉽게 매수할 수 있다.

누군가로부터 호의를 얻기 위해 당신이 썼던 방법을 나중까지도 그대로 유지할 수 있어야 한다. 예를 들어 당신이 환심을 사려고 그에게 수많은 일을 해줬을 경우, 앞으로도 그 사람의 호의를 잃지 않으려면 계속해서 똑같은 일을 해줘야 한다.

다른 사람의 친구들

제삼자 앞에서 어떤 사람의 칭찬을 침이 마르도록 하라. 그래서 제삼자가 아무 말 없이 입을 다물고 있으면, 그 사람은 칭찬한 사람의 진정한 친구가 아니다. 칭찬하는 말을 듣고 나서 화제를 다른 곳으로 돌리거나, 입술 끝으로 대답한다거나, 문제의 인물에 대해서 잘 모른다고 하거나, 또는 전혀 무관한 다른 사람을 칭찬하려 들면, 그 역시 진짜 친구가 아니다.

또는 당신이 문제의 인물이 이룬 뛰어난 업적에 대해서 제삼자도 잘 알고 있다는 사실을 의식하면서 그 사람을 칭찬하게 될 때, 제삼자가 당신의 말에 흔쾌히 동의하는지 아닌지를 보면 마찬가지로 판단할 수 있다. 제삼자는 칭찬하는 말을 듣고서 오히려 그가 운이 좋았다거나, 때론 하느님의 섭리가 참으로 너그럽기도 하다는 식의 반응을 보일 수도 있다. 또는 다른 사람들이 이룬 더욱 빛나는 업적을 언급하는 식으로 대응하기도 하고, 문제의 인물이 그저 주변의 좋은 충고를 따랐을 뿐이라고 답하기도 한다.

또 다른 방법이 있다. 당신이 어느 한 인물과 진정한 친구 사이인지 아닌지 의심이 갈 때는 제삼자에게 편지를 보내, 그 인물의 비밀을 가르쳐달라고 부탁해보라. 그러면 제삼자가 비밀을 누설하는지 아닌지에 따라 판단할 수 있다. 또 문제의 인물에게서 나쁜 소식을 받았다는 편지를 보내 반응을 살펴도 된다.

좋은 평판

　당신이 너무 자유분방하거나 저속한 태도로 말하고 처신하는 경우, 그 자리에 함께 있었던 사람이라면 누구라도 당신에 대해 나쁜 소문을 퍼뜨릴 수 있다는 사실을 명심하라. 이 점에서는 하인이나 종복도 전혀 믿을 게 못 된다. 사람들은 흔히 하나의 사실만 보고 일반화하는 습성이 있다. 그래서 당신이 그런 행동을 하는 모습을 한 번이라도 보게 되면 마치 그런 사람인 양 떠들게 마련이다.

　다른 사람들의 의심을 사도 대수롭지 않게 여긴다면 곤란하다. 오히려 그 반대의 태도를 취해야만 한다. 따라서 여러 사람이 있는 곳에서나 비록 한 사람만 있는 경우에도 흐트러진 모습을 보여서는 안 된다. 예를 들면 당신이 과거에 다른 사람에게 어떻게 모함당하고 부당한 대접을 받았는지에 대해 이야기하지 말라. 그런 말을 하면 당신 자신이 모함꾼으로 몰리기 십상이다. 당신 주변에는 당신이 언급했던 사람에게 왜곡해서 고해바칠 사람이 늘 우글거린다. 이런 까닭에, 성(聖) 베르나르 드 클레르보가 했던 "비록 행동은 용서하지 못할지언정 그 마음은 용서해야 한다"라는 격언은 아무 도움도 못 된다. 당신이 우연찮게나 부주의해서 잘못을 범했다고 말해봐야 아무짝에도 소용이 없다. 당신이 잘못을 범했다면 그것은 당신 스스로 자신의 덕행을 시험해보려 했던 셈이기 때문이다. 성자들의 말은 지금의 경우 전혀 맞질 않는다.

반면에 천성적으로 수다스런 사람들과 어울릴 때는 얼마든지 거짓 고백을 해도 무방하다. 그들에게 절대 비밀이니까 신을 두고 누설하지 않겠다고 맹세하게 한 다음, 실은 당신 자신이 몇몇 거물들에게 커다란 영향력을 행사하고 어떤 인물들과 정기적으로 편지를 주고받는 사이라고 거짓으로 말해보라. 그리고 나서 언급했던 거물들에게 보내는 편지를 가짜로 써서

서명한 것을 그 수다쟁이들에게 보여주라. 그런 다음 마치 당신이 그들에게서 받은 답장의 내용을 부주의하게 누설한다는 식으로 행동해서, 그 작자들의 가슴에 불을 지펴보라. 당신이 중요 인사란 명성을 얻는 데 이보다 더 효과적인 방법은 없을 것이다. 하지만 한 가지 위험이 도사리고 있기는 하다. 대개 칠칠치 못한 사람들은 자기가 들은 것을 혼동하거나 제대로 이해하지 못하기 때문에, 이야기가 와전돼서 전해지는 경우가 생길 수 있다. 그렇기 때문에 수다쟁이들에게 가짜 편지를 읽어줄 때는 또박또박, 분명하게 읽어줘야 한다.

당신은 그 누구에게도 잘못한 적이 없으며, 그렇기 때문에 (또는 바로 이 이유 때문에) 정상에 설 수밖에 없다는 점을 분명하고 큰 소리로 천명해야 한다. 당신이 얼마나 많은 희생을 감수했는지 그때마다 꾸며서 말하도록 하라.

당신이 공개석상에 모습을 드러낼 때에는(가능하면 적을수록 좋다) 빈틈없이 처신하라. 사소한 실수 하나로도 당신 명성에 금이 갈 수 있으며 수습 불능 상내로 치날을 수도 있다.

동시에 여러 가지 일을 도모하지 말라. 당신이 이곳저곳에 분산돼서 활약하면 사람들의 존경심을 얻을 수 없다. 차라리 한 가지 일에 몰두해서 뛰어난 업적을 보여주라. 경험에서 우러난 말이다.

통찰력이 있는 사람, 권력을 가진 사람, 당신의 부모를 항상 신뢰하라. 신뢰를 할 만한 사람들이다.

겸손하고, 솔직하며, 친절한 듯 보이라. 언제나 태연자약한 자세를 취하라. 전혀 그럴 만한 가치가 없는 사람이라도 언제나 칭찬하고, 감사하고, 도와줄 수 있는 듯 처신하라.

세상에 첫발을 디뎠을 때는 너무 오래 생각하거나 너무 힘든 일은 하지 말라. 성공할 확신이 서지 않는 이상 앞에 나서지도 말라. "처음에 뛰어난 활약을 보여주면 그 후로 모든 일이 순조롭다." 당신이 일단 좋은 평판을 얻으면 소소한 허물들도 모두 좋게 보이는 법이다.

당신이 맡은 일이 힘에 부치면, 당신의 주의력을 조금이라도 흩뜨릴 수 있는 일은 완전히 끊어버리도록 하라. 만일 당신에게 맡겨진 임무를 조금이라도 완수하지 못하면 비난을 사게 될 것이다. 당신이 다른 부분들에서는 성공했고 또 그러느라 골머리를 썩였어도, 한눈을 팔다가 임무를 완전하게 끝내지 못했다고 흠을 잡힐 것이다.

당신이 일을 할 때는 당신보다 더 능력 있고 경험 많은 사람과는 절대 협력하지 말라. 당신이 누구를 방문할 때도 그 집 사람과 더 가까운 사람과는 함께 찾지 말도록 하라.

당신이 맡았던 직책을 그만둘 때는 당신보다 눈에 띄게 월등한 능력을 가진 사람이 후임으로 오지 못하도록 하라.

당신이 좋은 집안에서 태어났으면, 다른 사람들이 질투를 하든 말든 가문을 빛낸 선조들의 공적을 빠짐없이 적어서 기록으로 남기라. 당장은 사람들이 질투가 나서 험구를 늘어놓을지도 모른다. 하지만 후대 사람들에게 중요한 것은 진실이든 꾸민 것이든 간에 그럴 듯한 증거를 제시하는 기록이지 떠도는 말이 아니다. 말은 그 말을 한 사람이 죽으면 그것으로 끝이다. 죽기 전에 끝이 나기도 한다.

박식하다는 평판을 얻으려면 당신이 긁어모을 수 있는 모든 역사적 기록을 한 권에 집약해서 매달 시간이 날 때마다 읽고 또 읽으라. 그러면 당신은 세계 역사 전반에 걸쳐 안목을 얻게 될 테고, 경우에 따라선 탁월한 지식을 가졌다는 평판을 얻을 기회도 가지게 될 것이다.

인사말, 의례적인 말, 여러 사람 앞에서 연설할 때 쓰는 말은 언제라도 사용할 수 있도록 암기하라. 특히 사회생활 중에 즉흥적으로 하게 되는 말들을 머릿속에 준비해두라.

어떤 사람들은 누가 뭐라지 않아도 기꺼이 자신을 낮추면서, 이런 겸양을 자랑으로 삼는 경우가 있다. 자기가 지금과 같은 지위를 누리게 된 것은 용기 때문이 아니라 순전히 운이 좋아서라거나, 열심히 일했기 때문이 아니라 본래 소질을 타고났기 때문이라는 식이다. 이런 부류의 사람들은 어떻게 해서든 자기 자신을 깎아내리고 모욕을 주고, 심지어 자신이 약한 사람이며 우유부단하다고까지 자처한다. 평생을 종교생활에 바친 사람이 아니라면 이런 겸양의 태도를 보이는 사람은 믿지 말아야 한다.

가진 힘을 조금은 아껴서 모두 쓰지 않도록 하라. 그래서 다른 사람들이 당신이 가진 힘이 무한하다는 인상을 갖도록 하라.

계획한 일을 실행에 옮기면서 아랫사람들의 도움을 받아야 할 경우에는 주저 말고 그들에게 압력을 가하고, 당신이 받아 마땅할 벌을 떠넘기도록 하라! 당신 자신은 더욱 고귀한 일에 몸을 바쳐야 하기 때문이다.

당신이 전적으로 옳고 또 이를 증명할 자신이 없는 이상, 상충하는 의견이 첨예하게 대립하는 토론에는 뛰어들지 말라.

당신이 연회를 베풀 때는 하인들에게도 혜택이 돌아가도록 하라. 백성들은 원래 말이 많은 법이기에, 집 안에서 부리는 아랫사람들의 마음먹기에 따라 당신에 대한 평판이 달라질 수도 있다. 하인들 눈이 휘둥그레지도록 만들어서 천성적으로 조심성 없고 험구를 늘어놓는 입들을 원천적으로 막으라. 마찬가지로 당신 머리를 손질해주는 이발사에게 친절하게 대해서 나쁜 소문이 돌 수 있는 여지를 사전에 없애라.

일

　그리 중요치 않은 일들은 아랫사람들에게 맡기라. 맡기되
아주 엄격한 원칙에 따라 분담토록 하라. 그리고 그 원칙을 바
꾸려 들지 말라. 중요하지 않은 일에는 많은 시간을 할애하지
말라. 일반적으로 말해 당신이 무슨 일을 하든지 필요 이상의
시간을 소비하지 말라.

　일이 너무 복잡해서 골머리를 썩여야 하는 일에 줄기차게
매달리지 말라. 차라리 점잖게 소일거리를 즐기거나 운동을 하
면서 머리를 식히라. 그러면 뜻밖에 해결책이 쉽게 찾아지기도

하고, 다른 재미있는 아이디어들이 떠오르기도 한다. 시간에 쫓길 때도 잠깐씩은 보다 수월한 일에 전념해보도록 하라.

여러 날이 소요되는 일은 몇 부분으로 나눠 단계별로 진척시키라. 돈도 명예도 가져다주지 못하면서 공연히 힘만 드는 일은 다른 사람들에게 떠넘겨라.

단순히 누구 마음에 들려 한다거나, 당신에게 득이 되지도 않으면서 시간만 많이 걸리는 일 때문에 골치 썩이지 말라.

장인들을 직접 상대해야 하는 일이나 공금 관리, 또는 정원이나 건설에 관련된 일은 맡지 않도록 하라. 요컨대 작업량이 과도하거나 분쟁이 끊이지 않는 일은 결코 맡아서는 안 된다.

당신의 소질을 발휘할 수 있는 분야에만 전념하라. 만일 당신이 고위 성직자라면 전쟁을 벌이려는 생각을 버려야 한다. 또 당신이 귀족 신분이면 수상학(手相學)에 빠지면 안 되고, 종교인이면 의학을 멀리 해야 하고, 지식인이면 결투할 생각을 버려야 한다.

약속을 너무 쉽게 하지 않도록 해야 하고 너무 많은 것을 허용하지 말아야 한다. 비위 맞추기 힘든 사람으로 보여야 하고, 좀처럼 쉽게 승낙하는 사람이 아니란 인상을 줘야 한다. 일단 당신이 의사를 밝히고 난 다음에는 번복하지 말라.

상대방의 얼굴을 뚫어지게 쳐다보는 듯한 인상을 주지 말고, 콧잔등을 긁지도 찌푸리지도 말라. 침울한 얼굴이나 찡그린 얼굴을 하지 말라. 가능한 한 제스처를 삼가고, 언제나 고개는 반듯하게 하며, 약간 엄숙한 목소리로 말하라. 걸음걸이는 점잖아야 하고 어떤 경우에도 위엄을 잃어버려서는 안 된다.

그 누구에게도 당신 내면의 기호(嗜好)를 누설하지 말라. 당신이 싫어하는 것, 당신의 수줍음도 결코 밝혀서는 안 된다. 당신이 몸소 저급한 일에 뛰어들지 말라. 그런 일은 아랫사람들에게 맡기고 언급조차 하지 말라.

아무도 당신이 일어날 때와 잠자리에 드는 모습을 보게 하지 말라. 당신이 식사하는 모습도 마찬가지다.

친구를 많이 만들려 하지 말라. 친구는 가끔씩만 보라. 그러면 친구들이 당신에게 마땅히 지켜야 할 예를 소홀히 할 염려가 없다. 친구들과 만날 장소는 언제나 당신이 정하라.

비록 좋은 습관을 갖기 위할지라도 급작스레 예전의 습관을 바꾸지 말라. 당신이 입는 옷이나 집단장도 마찬가지다.

누구를 비난하거나 칭찬할 때는 아주 점잖게 해야 한다. 당신의 판단력은 사안의 경중(輕重)에 부합해야 한다. 만일 그렇지 못하다면 당신은 크게 후회할 것이다.

환희나 망연자실처럼 극한 감정은 좀처럼 나타내지 않도록 하라. 비록 가까운 친구들과 함께 있을 때에도 경건하고 다소곳한 태도를 잃지 말라. 비록 당신이 완전히 신뢰하는 사람들과 함께 있을 때에도 누구를 원망하거나 비난하지 않도록 조심하라.

가능하면 원칙을 만들지 말라. 만들더라도 적게 만들라. 쉽게 화내지 말라. 쉽게 낸 화는 쉽게 풀어지기 때문에 사람들에게 기뻐운 사람이란 인상을 심어줄 수 있다.

여러 사람들 앞에서 말할 때는 미리 할 말을 아주 공들여 작성하고 준비하라.

읽고 쓰기

　당신이 사람들이 많이 다니는 곳에서 글을 쓸 때는 이미 글이 적힌 종이를 수직으로 세워놓고 베끼는 시늉을 하라. 누구라도 볼 수 있도록 말이다. 그리고 당신이 정말로 써야 하는 글은 바닥에 평평하게 놓고 쓰면서, 첫째 장 몇 줄은 실제로 베껴 쓴 부분을 가까이 있는 사람에게 보이도록 하면서 감춰 가며 쓰라. 당신이 은밀하게 쓰는 글은 책이나 베껴 쓰는 시늉을 하는 종잇장으로 감추라.

　당신이 무엇에 관심이 있는지 들키지 않으려면, 누가 당신이 책 읽는 모습을 보게 될 때 급히 들고 있는 책을 대충 훑어보는 시늉을 하라. 더 좋은 방법은 앞에 책을 잔뜩 쌓아놓아서 대체 당신이 무슨 책을 읽는지 모르도록 하는 것이다. 만일 당신이 읽는 책이나 쓰는 글을 다른 사람에게 발각당하면 곤란할 때엔, 즉시 상대방에게 당신이 읽던 책이나 쓰던 글과 연관된다는 듯이 질문을 꾸며서 던지라. 예컨대 누가 당신에게 편지로 물었던 질문에 답해야 한다고 핑계를 대거나, 아니면 들켜버린 상대에게 "이런 상황에선 뭐라 답해야지요? 보다 신중해야 할 테고, 좀더 생각을 해봐야 할 테고……" 등으로 질문을 던진다. 또는 답장을 써야 하는데 혹시 특정 일이나 사람의 근황을 아느냐고 묻는다. 어쨌든 당신이 마땅히 해야 할 일을 하는 중이거나 재미삼아 책을 읽더라도 언제나 이런 원칙을 고수해야 한다.

비밀이 지켜져야 하는 편지는 언제나 손수 쓰라. 아니면 암호화된 내용을 구술해서 쓰게 할 수도 있지만, 이 경우에도 다른 사람들이 편지의 내용을 이해할 수 있다고 여길 만한 암호 방식을 사용하라. 이를테면 트리테미우스'가 『다중기술법(Polygraphe)』에서 제안한 방식을 활용하라. 당신이 직접 펜을 들어 편지를 쓰지 않을 경우 가장 확실한 방법이다. 암호화된 내용이 무슨 말인지 잘 알 수 없으면 반드시 사람들의 호기심을 자극하게 마련이다. 그럴 경우 남들이 당신의 편지를 중간에서 가로챌 위험이 있다. 따라서 반드시 당신 스스로 어떤 암호를 쓸지 선택해야 한다.

---

5 | 요하네스 트리테미우스(Johannes Tritemius 혹은 장 트리템 Jean Trithème, 혹은 트리텡 Tritheim, 1640~1516)는, 신학자이자 스판하임과 뷔르츠부르크의 수도원장을 지냈다. 뛰어난 문학가이자 미빔한 메네닉도 수사였던 그는 자기가 있던 수도원에서 엄청난 양의 집필을 했고, 연금술과 강신술(降神術)에도 관심이 많았다. 『독일의 광명, 다중기술법, 그리고 보편적 신비주의 기술법』을 비롯해 여러 권의 저서를 남겼다.

베풀기

당신에게 부담이 없고 앞으로도 당신에게 전혀 영향을 미치지 않을 선행을 베푸는 데 인색하지 말라. 예를 들면 줘봐야 수혜자가 누릴 수도 없는 특권 따위 말이다.

스승은 제자에게 배움을 통해서 스스로의 지식을 더욱 깊게 할 수 있다는 희망을 언제나 품도록 해야 한다. 마찬가지로 아버지가 아들에게 무엇을 베풀 때도 이번이 결코 마지막이 아니며, 앞으로도 계속 이어지리란 생각을 심어줘야 한다. 주인과 하인 사이에서도 마찬가지다. 주인이 하인에게 시혜를 베풀면 하인은 고마운 마음 때문에 주인에게 종속된다. 이처럼 물레방아를 돌리려면 물이 필요하고 나무가 필요하듯, 스승은 제자가 언제나 스승의 보살핌을 필요로 한다는 인식을 심어줘야 한다.

주종관계를 문서로 맺어놓는 경우에는 주인이 언제라도 계약을 파기하거나 변경할 수 있다는 조항을 반드시 삽입해야 한다.

어떤 사람이 특정 직책에 적임자라 판단되는데도 정작 본인은 수락하지 않겠다고 할 경우, 그 사람이 공개적으로 선언하지 않는 이상 거부 의사를 결코 받아들이지 말라. 만일 그랬다가는 당신이 그 사람이 가진 역량 때문이 아니라, 수상쩍은 다른 이유로 그 자리에 앉히려 한다는 의심을 사기 십상이다. 어쨌든 당사자가 거부할 짬을 주지 말고 일을 순식간에 진행하라. 이를테면 발령을 내린 당일부터 일을 시작하게 하고 당신은 바로 여행을 떠나라. 당사자가 직책을 맡을 의사가 없다면 이 사실을 당신에게 편지로 알리지 않을 수 없을 테고, 노답장을 받으려면 시일이 소요될 수밖에 없다. 그사이 그는 이미 직책을 맡은 셈이 된다.

당신이 손해 볼 까닭이 없는 시혜를 베푸는 데 인색하지
말라. 예컨대 벌을 감해주는 일에 너무 까다롭게 굴지 말라.
또는 이웃 영주는 정당한 사유 없이 징수를 감행하려 한다는
인상을 풍기면서, 그럼에도 당신은 새로운 채무를 부과하지
않겠다는 호의를 베푸는 것처럼 하라.

당신을 섬길 아랫사람들을 선택할 때는 사치벽이 있어서
값비싼 무기나 보석, 말 따위를 좋아하는 사람은 곤란하다.
당신은 그렇지 않은 사람을 아랫사람으로 둬야 한다. 뭔가를
베풀어서 주인에게 고마워하는 마음을 갖도록 하기 위해 지갑
끈을 너무 헐렁하게 매지 않아도 될 테니 말이다.

시혜를 베풀 때는 독창적인 방법을 써라. 예를 들면 아랫사
람에게 화승총을 선사할 생각이면, 사격 대회를 열어 우승자에
게 상으로 주라. 그러면서 누가 우승할지 정확히 예측해 상이
돌아가게 하든가, 아니면 당신이 무사공평하다는 인식을 심어
줄 수만 있다면 누가 우승자가 되더라도 상관없다.

자기가 재산이 많다고 계속 자랑을 해대는 사람이 있으면, 이 말을 들은 사람들을 부추겨서 돈을 뜯어내게 하라.

당신의 전임자들이 행한 결정을 번복하지 말라. 앞서 직책을 맡았던 사람들이 당신이 아직 경험하지 못한 일을 겪어보고 내린 결정일 수 있기 때문이다. 영구히 누릴 수 있는 특권을 베풀지 않도록 하라. 나중에 이 특권을 다른 사람에게 주고 싶을 때가 올 수도 있기 때문이다.

상을 내릴 때는 손이 크다는 인상을 주지 말라. 그럼에도 상을 내릴 때는 그 값어치에 연연하지 않는 듯 행동하라. 상받는 사람이 더욱 고마워할 것이다. 곤경에 빠진 사람들을 찾아라. 그래서 무엇이 부족하고 현재 상황이 어떠한지 알아내라. 당신이 누군가를 도와주기로 했으면 주변에는 그 사실을 알리지 말라. 그러면 도움을 받는 사람이 당신이 마지못해 도와준다고 생각할 수도 있기 때문이다. 어쩔 수 없이 그 사실을 발설해야 할 경우엔 마치 당신이 마땅히 갚아야 할 빚을 갚는 것이지, 더도 덜도 아니린 듯이 처신하라. 반내로 당신이 상을 받을 때는 어떤 식으로든 반드시 감사의 표시를 하라.

부탁하기

당신의 부탁을 받은 가까운 사람이 이 때문에 파멸에 직면하거나 과도한 손실을 입을 만한 부탁은 하지 말라. 가장 좋은 방법은 그저 당신이 어려움에 처했다고 말하는 것이다. 당신이 부탁을 했는데도 이렇다 할 큰 도움을 얻질 못한다면, 설사여러 번 졸라서 부탁을 했더라도 더 큰 도움을 얻진 못했을 것이다. 어쨌든 당신은 가까운 사람이 아무리 사소한 부탁을 들어줬어도 반드시 고마움을 표시해야 한다. 그 후로도 당신이 필요하면 계속해서 부탁할 수 있도록 말이다.

돈이 아니라 중요한 일을 부탁할 때는 처음부터 말을 꺼내지 말고, 다른 것들에 대해서 이야기를 하는 중에 아무렇지도 않은 듯이 당신이 진짜로 원하는 바가 무엇인지 알게 하라.

중요 인사들에게 부탁할 때는 더욱 조심성 있게 해야 한다. 그들은 사람들이 자기네를 속이려 한다는 생각을 쉽게 하기 때문이다. 차라리 중간에 서줄 사람들을 찾거나 지체 높은 사람을 통해서 부탁하는 편이 낫다. 예를 들어 당신과 이해관계가 얽히지 않는다면 중요 인사의 아들을 통해 접근하는 방식도 있다.

청을 넣을 때는 시기를 잘 골라야 한다. 부탁을 들어줄 사람이 기분 좋은 때를 틈타서 부탁해야 한다. 예컨대 그 사람이 흥겨워할 때나 연회가 끝나갈 무렵 부탁을 한다. 물론 술이 과하거나 포식을 해서 반쯤은 잠이 들어 있을 때는 피한다.
부탁을 들어줄 사람이 너무 바쁘거나 피곤할 때는 피한다. 한 번에 여러 가지 부탁을 하지 말아야 한다.

당신이 누군가에게 뭔가를 베풀 때는 사람들이 보는 앞에서는 그 사람을 모른 척해야 한다. 그 사람을 만나더라도 아주

가끔 짧게 만나라. 그래서 당신이 공동의 선을 위해서이지 사적 이유 때문에 특혜를 줬다는 인상을 피해야 한다.

당신 자신의 처신이나 말투를 부탁을 들어줄 사람에게 맞추라. 돈을 좋아하는 사람과는 진주며 이익에 대해서 말하고, 신앙심 깊은 사람과는 신과 은총에 대해서 이야기하라. 허영심이 있는 젊은이들과는 어떻게 하면 성공할 수 있는지, 모욕을 받으면 어떻게 할 것인지에 대해 이야기하라.

당신의 스승에게 부탁할 때는 문서로 적어달라고 하지 말라. 그러면 문제의 문서를 언제쯤 받게 될지 알 수 없기 때문이다. 차라리 당신 자신이 문서를 작성해 틈을 봐서 서명만 받아내도록 하라.

당신이 그다지 원하지 않는데도 어떤 사람이 애지중지하는 것을 부탁하는 잘못을 범해서는 안 된다. 만일 그 사람이 부탁을 받고서 거절하면 당신 기분이 상하리라 여길 테고, 그로 인해 불필요한 감정의 찌꺼기가 남는다. 만일 그가 부탁을 들어주더라도, 당신이 성가시고 고약한 사람이라 여기게 될 것이다.

부탁을 했다가 거절당하면 언제나 기분이 상하게 마련이니 승낙받을 수 있다는 확신이 서지 않는 이상 부탁하지 말라. 마찬가지로 부탁을 할 때는 노골적으로 하지 말고 당신이 원하는 바를 상대가 은연중에 깨닫게 하라.

당신이 누군가에게 부탁했을 때는 부탁한 일이 이루어지기 전에는 그 누구에게도 이 사실을 발설하지 말라. 차라리 공개적으로 그런 일은 바라지 않는다고 말하라. 당신이 한때 바랐던 바를 현재 다른 사람이 갖게 되었다고 사방에 알리고, 찾아가서 축하하라.

당신이 원하는 바를 가질 가능성이 더 높은 사람을 매수해, 그가 그것을 얻은 뒤에 당신에게 은밀히 넘기도록 일을 꾸미라.

당신이 노리던 명예가 다른 사람에게 돌아갈 경우, 은밀히 사람을 보내 우정의 이름으로 일러주되, 앞으로 그 때문에 넘어야 할 장애가 산적하게 되었다고 설명함으로써 단념케 하라.

조언하기

　누가 잘못했을 때 깨닫도록 하려면, 우선 다른 일이나 사람들에 대해 말하다가 지나가는 이야기처럼 은근히 비슷한 사례들을 언급하면서 어째서 올바르지 않은지 일깨운다. 이야기를 우스꽝스럽게 이끌어가면서, 당신이 어떤 점에서 옳지 않다고 생각하는지를 말하고, 당사자가 직접 자기가 연루된 이야기란 느낌을 갖지 않도록 다양한 각도에서 묘사한다. 그래서 이야기를 듣는 사람이 기분 상하지 않으면서 흔쾌한 마음으로 경청하게 하라. 간간이 농담도 섞어 말하고, 상대가 갑자기 안색을 바꾸면 무슨 일인지 순진하게 물어도 보라. 그러

면서 여러 이야기들을 다양하게 들려줌으로써 당사자가 은연
중에 해결책을 찾도록 하라.

　누군가가 당신이 의심하고 있다는 낌새를 챘을 때, 이런
상황을 이용하는 방법이 있다. 당신 입장에서 일이 잘 풀리지
않더라도 너무 큰 손실을 입지는 않을 임무를 바로 그 사람에
게 맡겨보라. 그러면 그는 틀림없이 당신에 대한 신뢰를 회복
하려고 맡겨진 임무는 물론이고 앞으로의 일에서도 성의를 다
할 것이다. 마찬가지로 당신이 이따금씩 아랫사람들을 의심하
는 듯한 태도를 취해보는 것도 나쁘지 않다.

　젊은이들은 법적으로야 성인이지만 쉽게 반발하고 자유분
방하기 일쑤다. 그렇기 때문에 젊은이들에게 엄하고 모질게 야
단을 치면 오히려 역효과가 나기 쉽다. 그래서 대개 젊은이들
이 잘못했을 때는 인내심을 갖고서 기다릴 줄 알아야 하고, 스
스로 잘못을 고치거나 제풀에 그만두도록 놔두는 편이 낫다.
설사 당신이 젊은이들을 바른 길로 이끌 수 있는 역량을 가졌더
라도, 일순간에 엄격한 태도에서 관대한 태도로 바뀌어서는 안
된다. 성격이 온순한 젊은이들을 야단칠 때는 직설적인 태도를

취하고, 때론 책상을 주먹으로 꽝하고 내리치라. 그러면 효과가 있을 것이다. 반면에 성깔 있는 젊은이들에게는 부드럽고 보다 유연한 방법을 써야 한다.

당신이 없는 곳에서
일방적으로 당하지 말라

점잖은 사람들이 하는 말을 곧이곧대로 믿지 말라. 그들은 자기 자신을 낮추는 경향이 있어서, 그들이 하는 말을 듣고 있으면 상대적으로 다른 사람들은 대단한 듯한 착각을 하게 된다. 또 그들은 다른 사람이 당신 흉을 보더라도, 결코 이 사실을 당신에게 말하지 않는다. 하물며 당신이 그들 앞에서 누구를 흉보더라도 말을 옮기지 않는다. 성직자들도 이런 기질을 가지고 있어서, 죄지은 사람들에 대해서도 아주 좋게 말하곤 한다. 이런 태도는 성직자가 지켜야 하는 의무이기도 하다. 세상의 모든 아버지들도 자기 자식을 언제나 좋게 말하기 마련이다.

만일 누군가가 당신이 없는 자리에서 당신 험담을 하고 나쁜 소문을 퍼뜨릴 것 같으면, 우정의 이름으로 그 사람에게 여행이나 사냥을 같이하자거나 전쟁터에 나가 함께 싸우자고 제안해보라. 그러고선 그를 잘 관찰하고, 식탁이나 다른 자리에서 따로 떨어져 있게 내버려두지 말라. 마찬가지로 당신이 상대국에 특사를 보내 저지하려 했음에도 불구하고 선전포고를 하려 하면, 상대국 엘리트들을 선별해서 당신이 신뢰할 수 있는 유일한 지주인 듯이 대하고, 무장한 심복들이 수행하도록 하라.

건강

음식을 너무 많이 먹지도 말고, 너무 고급스럽게 먹지도 말라. 춥거나 더울 때 옷을 너무 두껍게나 얇게 입지도 말라. 일할 때 과로하지 말고 잠을 너무 많이 자지도 말라. 집 안은 언제나 환기가 잘되도록 하고, 방 천정은 너무 높지 않아야 한다. 적게 먹고 식사는 규칙적으로 해야 여러 질병의 원인이 되는 소화 장애와 배변 장애를 피할 수 있다. 많이 활동하고 제대로 휴식을 취하라. 성욕은 과도하지 않도록 절제해야 한다. 늪지대 가까이 살지 말고, 더욱이 강가에 집을 짓고 살아서는 안 된다. 침실 창문은 북서쪽보다는 북동쪽을 향하도록 하라.

까다로운 일을 할 때는 연속해서 두 시간 이상은 하지 말라. 대신에 이따금씩 일을 중단하고 기분 전환을 하라. 어디서나 쉽게 구할 수 있는 평범한 음식을 즐기는 습관을 들이라. 직위 고하를 막론하고 육체적 쾌락에 너무 빠져서는 곤란하되, 욕구는 해소하라.

증오와 원한

　재판정에서는 증인으로 나서지 말라. 그러면 반드시 어느 한쪽의 원한을 사게 된다. 좋은 집안 출신이 아닌 사람에 대해서는 발설하지 말라. 더욱이 천한 출신의 사람에 대해서는 증언을 삼가고, 아예 전혀 아는 바가 없는 듯이 하라. 다른 사람들과 대화를 나누다가 누군가를 비판할 요량이면 너무 오래 끌지 말고, 마치 아무 일도 없었다는 듯이 이야기를 계속하라. 제삼자가 있을 때는 어느 누구에게 특혜를 주었다는 사실을 발설하지 말라. 당신이 다른 사람들을 멸시한다는 인상을 줌으로써 깊은 원한을 살 수 있기 때문이다.

너무 빨리 출세하지 않도록 하라. 사람들은 빛이 점차로 밝아지면 잘 적응하지만, 갑자기 밝아지면 고개를 돌리는 법이다. 어떤 이유에서건 당신 마음에 들지 않는다고 대중적 인기를 끄는 사람과 대적하려 하지 말라.

당신이 끔찍한 일을 저질렀다는 사실을 시인하지 않을 수 없을 경우에는 그때 일을 후회하지 않는다거나, 심지어 희생자들을 조롱하거나 자랑스럽게 생각한다는 따위의 말로 원한을 증폭시키지 말라. 그러면 원한을 두 차례나 사게 된다. 차라리 피신을 하고 시간이 흘러 잠잠해질 때를 기다리라.

갑작스레 사치스럽게 옷 입는 습관을 갖지 않도록 하라. 잔치도 너무 호사스럽게 베풀지 말라.

당신이 법령을 공포할 때는 만인을 평등하게 대하라. 더불어 모든 이해당사자들의 정직성을 시험해볼 용기를 발휘해야 한다.

민중의 인기를 끌려면 당신이 무슨 일을 했는지를 공표하

라. 다만 당신의 계획이 사전에 알려져 그르치는 일이 없도록 일을 벌이고 난 뒤 공표해야 한다.

어떠한 경우이든, 또 무슨 말이든 생각 없이 무분별하게 하지 않는다는 절대원칙을 고수하라. 좋은 말이든 나쁜 말이든 마찬가지다. 더불어 좋은 행동이든 나쁜 행동이든 다른 사람의 행동에 대해 일체 발설해서는 안 된다. 당신이 누구를 비판할 때 그 사람의 친구가 당신의 말을 듣고서 부풀려서 당사자에게 이르면 적을 한 명 더 갖게 되는 셈이기 때문이다. 한편 당신이 같은 자리에 있는 사람이 싫어하는 누군가를 대단히 칭찬하면 마찬가지로 그 사람의 원한을 사게 된다.

모든 것을 알고 있어야 하고 모든 얘기를 들을 필요가 있다. 바로 이런 까닭에 사방에 첩자를 깔아둬야 한다. 하지만 정보를 수집할 때는 신중해야 하는데, 만일에 염탐한다는 사실을 발각당하면 당사자로부터 원한을 사기 때문이다. 염탐하되 들키지 마라.

오만한 태도는 금물이다. 예를 들어 당신이 그 누구의 도움도 필요로 하지 않는다거나, 당신이 가진 병력수가 충분하다는 따위의 말을 하면 멸시를 당하게 될 따름이다.

당신이 선임자들보다 훌륭한 정책을 펼치고 있으며, 당신이 제정한 법률이 이전 법률보다 훨씬 엄격하고 공평하다고 자랑하지 말라. 그러면 선임자의 주변 인물들로부터 원한을 살 수 있다. 설사 당신이 준비하는 정치적 복안들이 정당하더라도 발설하지 말라. 적어도 모든 사람들로부터 환영받는다는 확신이 서는 계획만을 공표하라.

당신이 아랫사람들을 대할 때는 다음의 사실을 유념하라. 처음에 몇 사람에게만 주었던 특권을 모든 사람에게 확대해주지 않도록 하라. 당신이 가진 권한 일부를 특정 아랫사람에게 주는 듯한 인상을 주지 말라. 다른 사람들로부터 반발이 심할 때는 더욱 그러하다. 모두가 수긍하는 공로가 아닌 이상 아랫사람 몇 명만 골라서 상을 주지 않도록 하라. 상은 아랫사람들에게 경쟁심을 북돋우는 효과가 있기 때문이다.

아랫사람을 벌할 요량이면 제삼자에게 떠넘겨 벌하도록 하라. 그래서 당신 자신은 직접 관여하지 않는 것처럼 보이라.

그래서 당신에게 달려와 벌이 너무 가혹하다고 고하면, 그때 가서 벌을 경감해주거나 당신 대신 벌을 내린 사람을 책망할 수도 있는 듯이 하라.

예를 들어 당신 휘하의 군대가 기강이 해이하면 장교들을 불러서 벌을 내리도록 하라. 그래서 복종하지 않는 병사들을 색출해서 임의의 기간 동안 힘겨운 사역에 처하도록 하라. 기강 해이의 책임을 느낀 장교들은 도에 넘치게 가혹한 벌을 내리기 십상인데, 그러면 부당함을 호소하는 병사들이 생겨나게 마련이고, 그때 가서 당신은 벌을 경감해주는 너그러움을 보일 수 있다.

굳이 당신 자신이 동참해야 할 이유는 없지만, 훌륭한 공적을 쌓아서 진정으로 칭송해 마지않을 만한 사람들이 있다면 마음껏 영광을 누리도록 하라. 하지만 당신이 그들을 시기하는 마음을 보이지 않게 되면 더욱더 큰 영광이 당신에게 되돌아올 것이다.

당신이 거둔 성공과 승리는 다른 사람들의 공적으로 돌리리. 예를 들면 경험이 많아 당신에게 현명한 조언이나 사려 깊은 소견을 들려준 이들에게 그 공적을 돌리라.

당신이 거둔 성공에 조금도 연연해 하지 않는 듯이 보이라. 성공했다고 해서 말투나 옷 입는 습관, 식사 예절이 바뀌어서도 안 된다. 만일 이런 습관을 바꾸고 싶다면 모든 사람들이 수긍할 수 있는 방식으로 바꾸라.

만일 누군가를 벌하고자 한다면 당사자 스스로가 자기 잘못을 깨닫도록 하라. 가혹한 벌을 내려야 한다면, 당신이 아닌 다른 사람을 시켜서 벌하라. 그런 다음 당신은 그 벌을 경감해 주라.

당신이 상대와 싸워 이겼을 때는 절대로 상대방에게 모욕을 주어서는 안 된다.
당신의 경쟁자를 조롱해서는 안 되며 도발하려 들지도 말라. 또한 당신이 승리했을 때는 말이나 행동으로 기뻐하는 내색을 보이지 말라.

양편 중에 어느 한쪽을 편들 수밖에 없는 경우라도 처음엔 애매한 태도를 취하라. 예를 들면 어느 한쪽 편을 들어야 할 때는 그쪽을 지지한다고 분명히 밝히면서도, 내심 다른 쪽을 선호하는 듯한 인상을 심어주라. 아니면 최종 결정을 미루도록 하라.

분쟁이 생겼을 때 편을 들어달라는 요청이 있으면 거절하지 말되, 사안이 당신의 태도에 달려 있지 않으며 당신 자신이 결정적 역할을 할 수도 없을뿐더러, 어쩌면 당신이 기대하는 바와는 정반대로 결말이 날 수도 있다는 점을 이해시키라.

누구에게 복수할 생각이면 직접 나서지 말고, 제삼자를 내세워 은밀하게 진행하라. 그런 다음 대신 행동에 나섰던 사람을 가급적 빨리 몰래 피신토록 하고, 당한 사람이 가해를 했던 사람을 용서하도록 유도하라.

당신 친척들 간에 송사가 벌어졌을 경우에는 어느 쪽 편을 들어서도 안 된다. 일이 너무 많아 도와줄 수 없다고 양쪽에 알리라. 당신이 어느 쪽도 편들지 않으면 양편 모두 배신감을 느끼지는 않을 것이다.

당신이 윗사람과 함께 새로운 법령을 만들어냈다고 사람들이 여기게 해서는 안 된다. 인기가 없는 법령일수록 더욱 그렇다. 되도록이면 실제 권력자와 함께 모습을 드러내지 말라. 반면에 권력자에게는 그리 대수롭지 않은 소문이나 이야기들을 조심스럽게 전하라. 권력자와 가깝게 지내는 사이란 사실을 어느 누구에게도 자랑하지 말라.

당신이 실력자에게 영향력을 행사할 수 있는 사람이란 사실이 발각되면, 권력자의 이름으로 공표된 비인기 정책들을 입안한 장본인으로 낙인찍히기 십상이다. 당신의 군주가 당신의 조언과 의견을 경청하도록 해야 하지만, 당신이 없을 때를 골라 정치적 대변혁이 이루어지도록 해야 한다. 이 말은 특히 군주를 보좌하는 사람이라면 반드시 유념해야 할 사항이다.

대화 중에 누군가가 당신의 집안이나 조상을 칭찬하는 말을 할 때는 이내 화제를 다른 데로 돌리라. 그러면 사람들은 오히려 당신이 겸손하다고 칭찬할 것이다. 당신이 조금이라도 허영심을 나타내면 질시와 적대감을 자아내게 된다.

어떠한 경우라도 중상모략을 옹호하지 말라

당신이 직책에서 물러날 때, 짐을 벗게 돼서 홀가분하고 이제 당신이 원했던 바대로 평온하고 한가로운 삶을 영위할 수 있도록 해준 사람에게 감사하기까지 하다는 말을 공개적으로 하라. 또 이런 말을 할 때는 더할 나위 없이 호소력이 있게 하라. 그래야만 자리에서 물러나도 사람들의 비웃음을 사지 않는다.

누가 당신을 해치려는 음모를 꾸몄고, 또 누가 힘을 보탰는지 공개적으로 알아내려 하지 말라. 또한 당신이 진정한 적으로 간주하는 인물이 있다면, 그 사실을 절대 암시해서도 안 된다. 반면에 적에게 관계된 모든 비밀은 반드시 속속들이 알고 있어야 한다.

모든 사람들에게 미움을 받는 인물과는 공개석상에서 대면하지 말라. 그런 사람의 측근이 되어서도 안 된다.

만일 당신이 참여했던 내각에서 비록 힘없는 사람들을 겨

냥했더라도 지나치게 엄격한 조치를 취했다면, 이 사실을 사람들이 모르게 하라. 자칫하면 당신이 사주했다는 의심을 살 수도 있다.

그 누구의 언동에 대해서도 평하거나 비판하지 말라. 다른 사람들이 맡고 있는 직책을 어떻게 수행하는지도 너무 가까이서 지켜보지 말라. 당신이 염탐하려 한다는 오해를 사지 않으려면, 관계 인사의 사무실이나 개인 영지, 마구간이며 기타의 장소에 모습을 드러내지 않도록 조심하라.

하인이나 종복에게 주인의 정보를 캐물어야 할 때는 극히 조심스럽게 행동하라.

당신의 행동이나 일처리 방식, 선의의 말, 비평, 말투, 웃음, 기호(嗜好) 등 그 무엇도 다른 사람을 다치게 해서는 안 된다.

정신없이 바쁠 때 예고 없이 찾아오는 사람이 있더라도 환영을 나타내며 언제나 공손히 맞이하라. 다만 찾아온 사람에게 오늘은 곤란하고, 다른 날 다시 찾아주었으면 좋겠다고 하

라. 일반적으로 당신이 평온하게 지내길 원한다면, 온갖 종류의 작은 불편쯤은 기꺼이 감수할 줄 알아야 한다.

당신이 있는 장소에서 누가 번번이 틀린 말을 할 때는 끼어들지 말고, 다만 당신이 더 잘 알고 있다는 표시만 하라.

사람을 맞이할 때 재담이나 경구를 들먹이지 말라. 자칫하면 경솔해 보이고, 비웃는 것은 아닌가 하는 오해를 살 수 있다. 만일 당신을 찾은 손님이 최근에 큰 타격을 입었다면 특히 그 사람에게 놀리는 말을 해서는 안 된다. 오히려 그가 변명할 수 있는 기회를 제공하고, 다친 마음을 어루만져주며 경우에 따라선 힘껏 도와주라.

당신이 판사의 특권을 가졌다 하더라도 사건과 관련이 없는 일로 명령을 내리는 경우는 없어야 한다.

비밀

출신이 비천하거나 보잘것없는 사람들과 대화를 나누길 주저하지 말라. 당신의 친절한 태도가 그 사람들을 기쁘게 해줄 테고, 약간의 돈만 줘도 당신이 그들에게서 알아내고 싶은 모든 비밀을 들려줄 것이다.

종복들에게도 마찬가지로 대하되, 그들과 상대하는 일은 언제나 위험이 뒤따른다는 사실을 잊지 말라. 주인의 비밀을 누설하는 하인들을 저희들끼리 서로 불신토록 하라. 또한 하인들의 신뢰를 잃지 않으려면 반드시 약속한 바를 이행하라. 마지막으로 그들이 누설한 비밀은 당장 써먹지 않도록 하라.

의중

　누군가가 당신에게 어떤 사안에 대해서 의견을 밝히면 주
의 깊게 듣고 타당한지 따져보라. 그런 다음 그 사람이 평소
어떻게 행동하는지 관찰했다가, 이를 토대로 신뢰할 만한 사
람인지 판단하라. 보통 때는 아무것도 관심이 없던 사람이
갑자기 열변을 토할 경우에는 진실성을 의심하라.

　또 의견을 쉽게 바꾸는 사람이 어제 부인했던 것을 오늘은
열렬히 옹호하는 태도를 보인다면, 이는 그가 매수를 당했다
는 증거다.

　잘못을 지적받았는데도 계속 입장을 고수하려는 사람은

본인이 밀하는 바와는 다른 이유를 숨기고 있는 사람이다. 열변을 토하긴 하지만 미묘한 논지를 내세우거나 억지를 부리는 사람도 마찬가지다. 평소 성격에 맞지 않는 궤변을 늘어놓거나, 사리에 맞지 않는 이야기를 하는 사람도 매한가지다.

처음에 했던 말과 정반대의 논지를 펴는 사람들도 있는데, 이는 우리가 진심에서 한 말이 아닐 때는 곧잘 잊어버리기 때문이다. 그럴 때는 문제의 인물이 신뢰하는 사람을 보내서 비밀을 지킬 테니 사실을 얘기해달라고 하여 진상을 캐내라. 전혀 다른 진실을 알아낼 수 있다.

다른 사람의 기분을 상하게 하지 말라

　만일 당신이 누군가에게 부탁받고 망설이거나 심지어 거부한 적이 있었던 똑같은 일을 아랫사람이나 당신과 동류의 사람에게 들어줘서는 안 된다. 그러면 신임을 잃을 뿐만 아니라 깊은 원한을 사게 된다.

　당신 밑에서 일하는 사람들을 너무 까다롭거나 엄하게 다루지 말고, 너무 관대하게도 대하지 말라. 상과 벌을 적절히 배합헤서 애경과 두려움을 동시에 삿게뉴 하면 그들은 당신에게 더욱더 충성할 것이다.

만일 당신이 세상 사람들은 물론이고 당신의 주군을 놀라 게 할 만한 변혁을 꾀하기로 결심했다면, 혼자 일을 추진하지 말고 다른 경쟁자들이 생겨나도록 하라. 그러면 당신 혼자가 아니기 때문에 원한을 사도 많이 희석된다.

당신이 비인기 정책의 입안자임이 밝혀졌을 때는 백성들 에게 선심을 베풀어서 무마시키라. 예컨대 세금을 감면해주거 나 죄인들을 사면하는 행위 따위로 말이다. 당신은 기층민들 이 존경하는 인사들과 언제나 좋은 관계를 유지해야 한다.

갑자기 커다란 정치적 변화를 꾀해야 할 경우엔 미리 은밀 하게 신학자나 전문가를 만나 전폭적인 지원을 받아놓으라. 그런 다음 증인들이 있는 데서 마치 당신이 그 사람의 제안을 받아들인 것처럼 행동하라. 그 사람이 마치 당신에게 공개적 으로 압력을 가한 듯이 보이면 더더욱 좋다.

새로운 법률을 공포하기로 했으면, 우선 사계의 전문가 집 단에게 필요불가결한 법률임을 반드시 인정받는 동시에, 그들 과 함께 개혁을 추진하라. 또는 당신이 그 전문가 집단에 자문만 요청했을 따름인데, 그들이 폭넓게 의견을 개진했다는 소문을 퍼뜨리라. 그런 다음 전문가 집단이 무슨 의견을 제시하든 간에 무시하고 당신 마음대로 법률을 제정하라.

어느 누구에게도 결혼할 여자나 하녀를 소개해서는 안 된다. 또한 그 누구에게도 삶의 방식을 바꾸라고 설득하지 말라.

어떠한 경우라도 유언 집행인이 되어서는 안 된다.

누가 자기 아랫사람에게 명령을 내리는 현장에 우연히 있게 될 때는 자리를 비켜줄 필요는 없다. 다만 가타부타를 말하면서 끼어들어서는 곤란하다.

처음 가보는 고장에 도착해서 그곳 주민들을 칭송하는 흔하디흔한 우를 범하지 말 것이며, 당신이 방금 떠나온 고장의 풍습이 훌륭한 듯 언급하지 말라.

비록 당신이 의식(意識)과 도덕의 잣대로 볼 때 내심 엄벌을 내리고 싶더라도 가능한 한 관용의 정신을 잃지 않도록 하

라. 다른 사안들에서도 마찬가지다. 그렇긴 하지만 평소에는 엄정성을 강조하라.

공개석상에서 당신이 윗사람들에게 영향력을 발휘할 수 있다는 내색을 하면 절대로 안 된다. 당신이 윗사람에게 비호 받는다는 사실도 발설해서는 안 된다. 윗사람에 대해서 어떻게 생각하는지 속내를 밝혀서도 안 된다.

당신이 어떤 직책에 있든 윗사람에게 이익을 안겨주면 언제고 총애를 받을 수 있다.

아랫사람들에겐 비록 겉치레일망정 매우 엄격하게 대하는 것보다는 관대한 편이 낫다.

비록 당신의 친구라고 자처하는 사람이 당신을 흉보는 이야기를 전해 듣더라도 그를 책망하지 말라. 이제껏 그렇고 그랬던 사람이 적으로 바뀔 수도 있기 때문이다.

권력자의 비밀을 캐내려 하지 말라. 만일 비밀이 밝혀지면 당신이 의심받는다.

누군가가 당신에게 잘 보일 요량으로 축하 방문을 하거나 다른 사람을 대신해서 인사를 올 경우 뜨겁게 맞이하고, 또 경우에 따라선 극진히 예를 갖추라.

친구가 약속을 지키지 않았다고 화가 난 모습을 보이지 말라. 그러면 원한을 사게 된다.

도박에서는 적당한 선에서 윗사람이 따도록 하라. 즉 돈이 아니라 당신의 자존심을 걸라는 얘기다. 성격이 정말로 모진 사람은 아무에게도, 심지어 자기 윗사람에게도 지기를 싫어한다.

당신이 윗사람으로부터 특별한 총애를 받는다 할지라도 언제나 예를 다하고 복종심을 늦추지 말라. 만일 그렇지 않다면 윗사람은 당신이 총애를 믿고 분수를 모르게 되었다고 여길 것이다.

당신이 충고로써 누군가의 마음을 바꾸었다는 사실을 자랑하지 말라. 똑같은 인물이 언젠가는 당신의 충고를 듣지 않을 수도 있기 때문이다. 반대로 누군가가 당신의 말을 듣지 않고 경솔하게 행동했다가 실패했다 해서 비꼬지 말라. 언제 상황이 뒤바뀔는지 모른다.

부유하다고 자랑하지도 권력을 쥐었다고 뽐내지도 말라. 상상력이 풍부하다고 재지도 말고 손재주가 좋거나 빨리 달린다고 뻐기지도 말라.

권력자가 당신에게 호의를 베풀거나, 당신이 권력자의 개인 자문단의 일원이 되었다거나, 권력자 곁에서 일하게 되었을 때, 권력자의 비밀을 절대 누설하지도 말 것이며, 권력자의 의중을 알려고 애써서도 안 된다. 아는 것은 당신 속에 고이 간직하고 마치 아무것도 모르는 듯이 행동하라. 만일 당신보다 권력이 센 사람에게 부당하게 모욕을 당할 때는 그저 잠자코 감내하면서 모르는 척하는 편이 상책이다. 모욕을 주는 사람은 애꿎게도 모욕당하는 사람에게 원한을 품곤 하기 때문이다.

당신이 아무리 하찮은 선물을 받더라도 감사하는 마음을 잊어서는 안 된다. 작은 선물이라도 대단한 선물을 받은 듯이 하라. 특히 당신의 윗사람이 주는 선물을 받을 때는 더더욱 그렇다. 당신은 감사의 편지를 써서 한결같은 충성을 약속하는 것으로 화답하라.

　명예훈장에는 전혀 관심이 없다고 고집스레 주장하라. 되도록이면 받지 말아야 한다. 아무짝에도 소용이 없을 뿐만 아니라 공연히 질투심만 불러일으킨다.

행동하도록 만들라

    다음과 같이 처신하라. 당신이 아랫사람들에게 힘든 일을 시킬 때는 보상을 약속하라. 장군이 전쟁터에서 진지를 사수하다 부상당하는 병사들에게 월계관을 약속하듯 말이다. 처음에 정예연대를 전투에 투입시키면 나중엔 나머지 병사들이 모두 자진해서 뒤를 따를 것이다.

지혜

대개는 입을 다물고, 다른 사람들이 해주는 조언을 경청하며 충분히 심사숙고하는 편이 바람직하다. 당신 자신의 말이나 행동을 과대평가하지 말고, 지금이나 나중에도 아무런 소용이 되지 않는 일은 맡지 않도록 하라. 다른 사람들의 일에 공연히 끼어들지 말라.

공개적으로 사람들이 읽는 글에서는 실제 이상으로 다른 사람들에 관한 칭찬을 많이 하라. 그러면 당신도 더불어 영광의 반열에 오를 것이고, 질투를 불러일으키지 않으면서도 그들로부터 호의를 얻을 수 있다.

분노에 사로잡히지 말 것이며 복수심으로 들끓지 말라. 다른 사람들의 덕행에 관한 이야기는 관심 있게 귀를 기울이되 너무 존경하지는 말라. 진실로 존경할 만한 행동에 존경심을 표하라. 조언을 너무 많이 하려 말고, 어떠한 경우에도 경쟁심에 자극되어 행동하지 말라. 설사 부당한 일을 당하더라도 가급적 소송을 피하라.

누구에게도 당신이 가지고 있는 귀중한 물건은 보이지 말라. 어느 누가 달라고 할는지 모른다.

어느 누가 당신을 위험한 일에 끌어들인다면 가장 큰 위험은 그 사람이 감수하게 하라.

당신이 잘 모르는 분야에서 조언해야 하거나, 청원서를 제출하거나 일을 벌일 때 선대의 역사책들이 참고가 될 수 있다.

위대한 수사학자들이 쓴 책들을 자주 읽으라. 이들은 증오심을 야기하는 방법을 알 뿐만 아니라, 증오심을 야기한 사람에게 이를 되돌리는 방법도 알고 있다. 그들은 증오심을 불러

일으킬 줄도 알고 누그러뜨리는 방법도 알고 있다. 또한 당신은 이 책들에서 가장 효과적으로 다른 사람을 고발하는 방법이나 자기를 변호하는 방법을 배울 수도 있다. 한편 당신이 가장 중요하게 배워둬야 할 항목은 바로 애매모호함을 구사하는 것인데, 바로 당신이 하는 말이 이렇게도 해석되고 저렇게도 해석되어 사람들이 갈피를 잡지 못하게 하는 것이다. 애매하게 말해야 하는 때가 적지 않은데, 성(聖) 고레고아르 드 나지앙스[6]의 말에 따르면 아리스토텔레스도 철학서를 집필하면서 이 방법을 자주 썼다고 한다.

당신이 논고를 집필하거나 조언의 편지를 쓸 때 상대방의 기분을 상하지 않게 하는 가장 좋은 방법은 논쟁방식을 동원해서, 어느 한쪽으로 논지를 펼치다가 그다음엔 정반대의 논지를 펴는 것이다. 그래서 어느 한쪽으로 기울지 않으면서 당신 자신의 의견이 무엇인지 정확히 드러나지 않으며, 어떤 의견이 우세할는지도 잘 알지 못하게 하라.

---

6 | 기독교회의 교부(敎父) 가운데 한 명으로(서기 330~339), 신학자이면서 신비주의 시를 쓰기도 했다.

희구법(希求法)이나 모호한 어법, 웅변술 등, 요컨대 당신의 의중을 감출 수 있는 모든 수사학적 수단을 능숙하게 동원할 줄 알아야 한다.

부당한 비판도 수용할 줄 알아야 한다. 구차하게 변명하려들지 말라. 만일 그러면 아무도 당신에게 조언을 구하지 않는다. 반면에 당신이 과거에 저지른 실패가 얼마나 가슴을 아프게 하는지 토로하라. 터무니없는 비난을 받았을 때는 아예 응수하지 않는 편이 상책이다. 이따금씩 당신이 과거에 판단을 잘못하기도 했다는 사실을 고백하라.

어떤 상황이든지 어느 한쪽은 물론이고 정반대 쪽의 입장도 옹호할 수 있는 역량을 배양하라. 그러려면 수사학적 논증방식과 고대 그리스의 전문 웅변가의 변론술에 대해서 공부해둬야 한다.

당신이 전권대사의 임무를 띠고 적국의 수반과 협상을 벌일때 선물을 받으면 이를 마다하지 않는 대신, 당신의 주군에게이 사실을 알리라. 만일 그렇지 않으면 당신이 매수당했다는 의혹을 사게 된다. 이와 유사한 경우에도 동일하게 처신하라.

당신의 권력을 찬탈하려는 적수를 대사로 임명하지 말라. 당신의 이익에 반하여 행동을 하려 할 것이다.

당신을 보좌할 사람들을 뽑을 때는 기질적으로 서로 보완할 수 있는 인물들로 선택하라. 어느 한 사람이 완벽하게 균형을 이루는 예는 극히 드물다. 따라서 성정이 평온한 사람은 불같은 사람과 함께 짝을 짓도록 하고, 온순한 사람과 화를 잘내는 사람을 함께 뽑으라. 그러면 균형 잡힌 보좌를 받을 수 있다.

행운이 어느 쪽으로 기우는지 잘 관찰하라. 혹은 행운이 어느 쪽으로 기울 가능성이 높은지 관찰하라.

당신의 주군을 섬기는 모든 사람들이 지위고하를 막론하고 당신에게 충성하도록 만들라.

매일 또는 미리 날을 정해서 앞으로 닥칠 수도 있는 일들에 대해 어떻게 대처할 것인가를 연구하라.

당신과 친분관계가 있는 사람들과 하인들이 한 말과 행적을 기록부에 적으라.

개개의 사람마다 한 페이지 전체를 할애하고 네 항으로 구분하라. 그래서 처음 항에는 그 사람이 의무를 소홀히 해서 당신의 심기를 거슬리게 한 행동을 적으라. 두 번째 항에는 당신이 그 사람을 위해 해줬던 일과 수고한 내력을 적고, 세 번째 항에는 그 사람이 당신에게 해준 일들을 기록하라. 마지막 네 번째 항에는 당신이 그 사람에게 잘못했던 일들을 적거나 그 사람이 당신을 위해 헌신했던 일이 있으면 함께 적어두라.

그래서 그 사람들이 당신에게 불평하거나 빚을 갚으라 하면, 기록을 보고서 바로 적합한 방식으로 대응할 수 있게 된다. 매일의 대화를 적는 기록장에도 마찬가지 원칙을 적용하라.

옳든 그르든 윗사람이 하는 책망에 반발하지 말라. 다른 사람이 있을 때는 윗사람의 허물을 언제나 감싸주라. 또한 윗사람에 대해서는 언제나 좋게 얘기해야 한다.

가능한 한 약속은 기록으로 남기지 말라. 여성과의 약속이라면 더더욱 그렇다.

누가 당신 마음에 들고 대단히 매력적이더라도 너무 내색하지 말라. 만일 그렇게 하기 힘들면 다른 모든 수단을 강구해야 한다.

비록 당신의 지위가 확고하더라도, 더욱 공고히 하는 노력을 게을리해서는 안 된다. 그러기 위한 유일한 방법은 당신이 점점 더 흠잡을 데 없는 인물이 되는 것이다. 바로 이런 까닭에 당신이 성공을 거둘 때마다 이를 다른 사람의 공적으로 돌려야 한다. 더불어 당신이 어떤 경우에 가장 취약하고 어떤 종류의 기회를 놓쳤는지 살펴야 한다.

신중하게 행동하라

　신중함에는 두 종류가 있다. 하나는 그 누구도 전적으로 신뢰하지 않는 태도를 견지하는 것이다. 이럴 경우 당신은 확실한 장소에서 확실한 친구들과 함께 있을 때도 터놓고 말을 하지 못한다. 이런 태도를 견지하는 한 친구들과의 사이는 오래지 않아 나빠질 것이다.

　또 다른 신중함은 이를테면 예의범절과 같아서, 진실이라 해서 모두 털어놓지는 않으며, 상대가 잘못했을 때는 이를 기꺼이 지적해주는 태도이다. 그 원칙은 위선과 매우 흡사해 보이지만, 아주 유용할 뿐 아니라 대개는 어떤 위험도 초래하지 않는다.

중요한 비밀은 아주 가까운 사람에게조차 누설하지 않는다는 철칙을 반드시 고수하라. 세월이 흐르다 보면 그 누구도 적이 되지 말란 법이 없기 때문이다. 기분이 좋다거나 흥분한 상태에서 즉흥적으로 행동하거나 결정하지 말라. 만일 그렇게 하면 뜻하지 않은 함정에 빠질 수 있다.

당신이 하는 말이나 행동을 다른 사람들이 좋게 해석하리라 기대하지 말라. 이 세상 그 누구도 그럴 능력은 갖지 못했음을 명심하라.

당신이 쓴 편지가 어쩌다 제삼자의 손에 들어갔을 때 중대한 결과를 초래할 수도 있는 내용은 언급하지 말라. 반면에 어느 특정인이 읽을 수도 있는 편지에서 그 사람의 칭찬을 하는 것은 나쁘지 않다.

누가 마치 자기가 잘 알고 있는 일인 양 꾸며서 당신에게 정보를 캐내려 할 때, 그 사람이 잘못 아는 바를 굳이 고쳐주려 하지 말라. 오히려 그렇게 믿도록 하라.

다른 사람의 허물은 덮어주고 비호하라. 당신 자신의 감정도 드러내지 말고, 정반대 감정을 가진 듯이 꾸미라. 우정이 돈독할 때 원한에 대해 생각하고, 기쁠 때도 불행할 때를 떠올리라.

전쟁터에서 전투에 승리를 거둔 후에 일급 포로들을 적에게 넘기지 말라. 전세가 역전될 경우 볼모로 잡아놓은 포로들이 당신의 생명을 구해줄 수도 있기 때문이다. 불가항력의 경우가 아닌 이상 적국의 장군들과도 외교적 관계를 유지하라.

당신이 요청받는 즉시 정당한 근거를 제시할 수 없다면 공개적으로 주도권을 취하지 말라. 설명의 여지도 주지 않고 당신을 처단할 수도 있기 때문이다. 한 점 나무랄 데 없는 사람들도 비난을 받는 것이 세상의 현실이다. 하물며 흠 잡힐 수도 있는 사람이야 말할 나위도 없다.

당신의 주변 사람이나 아랫사람이 부탁을 해오면 한가할 때 자세히 검토를 할 테니 문서로 적어달라고 하라. 하지만 당신이 답할 때는 구두로만 하라.

말 한마디 한마디가 당신을 위협할 수도 있는 험악한 토론을 벌일 때는 당신이 하는 말에 전혀 심각성이 담겨 있지 않다고 전제하고 시작하라. 때론 일부러 반대를 해서 상대가 어떤 반응을 보이는지 살펴라. 그 외엔 시종일관 그의 의견에 수긍하는 듯이 보이라. 이렇게 하면 설사 당신이 말실수를 하더라도 사전에 양해를 구해놓았다는 핑계를 내세울 수 있다. 이제껏 농담을 했다고 변명하라.

당신이 도박이나 사냥, 여성에게 탐닉하는 경향이 있다면, 하루라도 빨리 영원히 끊어버리도록 하라. 그런 종류의 정열은 당신을 커다란 잘못으로 이끌기 십상이다.

아이들이나 노인, 똑똑하지 못한 사람이나 기억력이 나쁜 사람들, 특히 폭군과 상대할 때는 언제나 증인들이 있는 자리에서 행동하라. 그리고 임무를 부여받더라도 문서로 증거를 남기라.

성정이 사납고 과격한 사람에게는 조언하려 하지 말라. 조언을 주더라도 잘 따르지도 못할뿐더러 실패하면 당신을 원망

한다.

주위의 시선이 당신을 지켜보는 곳에서는 가급적 말수를 줄이라. 그러면 말이 많을 때보다 흠잡힐 일이 적어진다.

당신이 가깝게 지내는 사람들의 장단점을 잘 파악하라. 그러면 당신은 무기창고를 수중에 둔 셈으로, 필요할 때마다 보다 손쉽게 움직일 수 있다.

당신 내면의 창문은 열어놓을 필요가 있지만, 창문 테두리는 검게 칠해서 그 누구도 창문이 열렸는지 닫혔는지 모르도록 하라.

성가신 사람들

　심복을 두어, 어느 때라도 위급한 상황이 발생하면 당신에게 달려와 귓속말로 알려줄 수 있도록 하라. 또는 당신 수하의 비서가 불행한 사태를 알리는 편지를 전해주고, 아랫사람들 사이에 모반의 조짐이 있으면 바로 고할 수 있도록 해야 한다. 그리고 당신에게 술을 마시지 말 것이며, 말을 하지 말라고 이르는 의사가 곁에 있어야 한다.

　안장 얹힌 말을 대령해서 당신에게 당장 그곳을 떠날 것을 암시하는 아랫사람이 있어야 한다.

말은 늑대 냄새를 맡으면 발작을 일으킨다. 바로 이런 까닭에 성가신 사람의 말에게는 며칠 동안 늑대 가죽을 묻어두었던 귀리를 먹이거나, 늑대 시체를 묻어놓은 마구간을 배정토록 하라. 말 주인에게는 비바람이 몰아치는 날을 골라 열어놓은 창문 앞에 놓인 침대에서 자게 하라. 벽난로 굴뚝은 막아서 불을 지펴 연기가 방 안으로 역류하도록 하라.

대화

우선 당신이 말할 때 어떤 범주에 드는지 알아야 한다. 처음엔 지루하고 재미없게 말하다가도 점차로 말을 잘하게 되는 부류의 사람들이 있다. 이를테면 집 주인이 손님을 맞이하기 전에 건넛방에서 뜸을 들이는 식이다. 또 처음엔 멋지고 설득력 있게 말하다가도 시간이 흘러감에 따라 점차로 이야기의 맥이 끊기고 뭐라 말을 이어야 할지 모르는 부류의 사람들이 있다. 이런 사람들은 종국엔 근거도 없이 단정적으로 말을 하곤 한다.

자기 기질에 맞는 언변술을 구사하도록 해야 한다. 당신이 첫째 부류에 든다면 사람 만나는 횟수를 줄이고, 일단 사람을 만나면 오랫동안 이야기하라. 당신이 두 번째 부류에 든다면, 많은 사람을 만나되 목적을 이뤘다는 생각이 들면 바로 대화를 중단하라.

사람들이 찾아오는 횟수를 줄이도록 하라. 어렵게 만날수록 당신과 함께 나눈 시간을 소중하게 여기게 마련이다. 당신이 말하기 전에 미리 그 주제를 예고하고, 대화 상대가 흥미를 느낄 수 있는 주제를 선택해서 말하라. 예를 들면 어떤 사람에겐 유토피아 철학자에 관해서 말하고, 어떤 사람에겐 군사학에 관해서 말하고, 또 어떤 사람에겐 시에 대해서 이야기를 하라. 더불어 당신이 듣는 사람만큼이나 말하는 주제에 커다란 관심을 갖고 있는 듯이 하라.

너무 바쁠 때는 누굴 만나서 대화를 나누지 말라. 집중력이 떨어지기 때문이다.

우울한 사람과 대화를 나눌 때는 똑같이 어두운 표정을 짓고, 화를 잘 내는 사람에게는 성미가 까다롭게 굴 것이며, 당신의 윗사람과 대화할 때는 극도로 인내심을 발휘해야 한다.

박식한 사람이나 당신이 관심을 갖고 있는 분야의 전문가로부터 얘기를 들을 때는 설복당했다는 내색을 너무 표가 나게 하지 말 것이며, 너무 꼬치꼬치 대들지 않도록 하라. 대신에 그들의 말을 잘 들어놓거나 때론 왜곡해서 뭇사람을 놀라게 할 수도 있다.

대화를 나누는 정황이 어떠한지 심사숙고하라. 또한 대화가 당신에게 유익한지 살피라.

영향력을 발휘하는 모임에 속하는 인물이나 특히 궁정에서 상당한 지위를 누리는 사람과 대화를 나눌 기회가 생기면 무슨 수를 써서라도 그를 당신의 동지로 만들라.

어떠한 상황에서도 대처할 수 있도록 마음가짐을 다지라. 예컨대 느닷없이 불손한 질문을 받았을 때도 더할 나위 없이 침착하게 응수해서 사람들의 비웃음을 사지 않도록 하라. 어쨌든 당신이 내면에서 준비한 만큼 그렇게 다른 사람들에게 비치게 된다는 사실을 명심하리.

제삼자에 대해서 언급할 때는 절대 그 사람의 이름이나 장소, 또는 그 사람임을 드러낼 수 있는 사항을 언급해서 염탐하는 사람에게 약점을 잡히지 않도록 하라.

사람들에게 믿기 힘든 이야기를 하지 말라. 온전한 사실이라 하더라도 자칫 우스갯소리로 여길 수도 있기 때문이다.

모든 사람에게 공손히 대하고, 특히 윗사람에게는 더욱더 공손히 하라.

당신이 진실하게 받아들여지는 만큼만 진실하게 행동하라. 당신의 지위가 공고히 다져질 수만 있다면 더더욱 그렇게 처신해야 한다. 마찬가지로 모든 사람의 얼굴 표정이 어두워지지 않는 그 순간부터 어느 누구를 칭찬할 준비가 되어 있어야 한다.

당신에게 돈을 주면서 범죄행위를 사주하는 경우가 있다면 대단히 신중하게 대처해야 한다. 사주하는 사람이 언제라도 사람을 시켜 당신에게 똑같은 행위를 저지르도록 할 수 있기 때문이다.

정서적으로 불안하거나 절망에 빠진 사람은 피하라. 언제나 위험하다.

군주 앞에서는 말수를 없다시피 하라. 군주들은 말을 듣기보다는 다른 사람들이 자기 말을 들어주길 원한다. 군주와 함께 자리할 때는 열변을 토하기보다는 철학자의 면모를 간직하라. 또한 군주가 당신에게 우정과 친밀감을 표시하더라도 엄격하게 예를 갖추는 일을 잊어서는 안 된다.

노인들을 공경하고 그들의 충고를 따르라. 적어도 그런 시늉을 하라. 노인들에게 온갖 종류의 명예가 돌아가도록 하고, 그들의 지혜를 높이 사는 듯이 하라. 명예직을 갖고 있는 노인들에게는 깍듯이 예를 갖춰 대하라. 그렇지 않으면 쉽게 원한을 살 수 있기 때문이다.

들은 말은 모조리 떠벌리는 수다쟁이들과는 상대하지 말라.

다른 사람이 가진 성격성의 징점을 인제나 칭찬하고 모든 사람이 싫어하는 것에 대해서는 똑같이 싫은 내색을 하라. 만일 당신이 무의식적으로라도 다른 사람들의 기호나 성향에 반하는 표시를 하면 반감을 줄 수 있다. 당신이 친구와 단둘이 있을 때는 세상에 둘도 없는 사람과 함께 있는 양 행동하라.

농담

    당신이 하는 말이나 행동이 추잡함에 이르도록 해서는 안 된다. 광대들이나 하는 짓거리이기 때문이다. 새소리를 흉내 내지 말 것이며 동물의 울음소리도 내지 말라.

    심각한 이야기를 놓고 농담하지 않도록 하라. 또 다른 사람의 신체적, 정신적 결함을 놓고 농담으로 삼아서도 안 된다. 만일 그러면 깊은 원한을 사게 된다.

    당사자가 있든 없든 어떤 사람이 겪은 불행을 이야기하지 말라. 남이 그런 얘기를 하면 잠자코 듣기만 하고 다른 사람에게 옮기지 말라. 말을 재미있게 하는 가장 좋은 방법은 좋은 작가의 글이나 특히 연대기작가의 글을 읽는 것이다. 그들의 책에는 당신이 소개할 만한 흥미진진한 이야기들이 널렸다. 이야기에 감정을 불어넣으려면 시를 많이 읽으라.

예전에 겪었던 일을 이야기하더라도 다른 사람의 이름을 대지 말고, 수상쩍은 듯한 기색을 보이지 말라.

함정을 피하라

당신의 친구가 중요한 사안에 대해 당신과 의견이 달라 충돌할 것 같은 의심이 들면, 당신도 별일 아닌 일을 문제 삼아 트집을 잡고 따지라. 그러면 당신 친구도 바짝 긴장해서 자기 본심을 드러낼 것이다. 이처럼 친구 사이에 갑작스레 독설이 오가면 이제껏 유지해오던 우정의 정체가 밝혀지고, 결국 사이가 멀어질 수도 있다.

일단의 악당들이 길가에 매복해서 당신을 덮치려 할 때나, 이와 비슷한 상황에 처하면 다음과 같이 하라. 우선 당신의 경호원들에게 제자리에서 꼼짝하지 못하도록 하고, 당신 혼자서 악당들이 매복해 있는 장소까지 나아가라. 그런 다음 악당들이 뛰쳐나오면 바로 뒤돌아 도망치라. 그러면 당신을 쫓아올 테고 매복하고 있던 당신의 경호원들이 악당들을 역으로 꼼짝못하게 잡을 수 있다.

만일 권력자가 매복을 지시했다면, 질러간다는 핑계를 둘러대고 당신을 습격하려고 매복해 있는 무리로부터 벗어나도록 하라. 단 매복 사실을 사전에 알고 있었다는 내색을 하면 안 된다.

당신이 성공하더라도 타격을 입을 수밖에 없는 일을 추진할 때는 더할 나위 없이 강한 의지력을 발휘하고, 보란 듯이 준비하라. 그리고 말끝마다 곧바로 닥칠 위험을 입에 올리도록 하라. 그러다 보면 마땅히 취해야 할 조치가 아닌 정반대 상황을 상상해보는 여유를 가질 수도 있다.

돈, 버는 방법과 간직하는 방법

아무리 적은 돈이라도 돈이 나갈 때는 신경을 써야 하고 또 가급적 큰돈은 쓰지 않아야 한다. 당신이 거느린 사람들이나 당신 자신은 먹는 문제에 엄격해야 한다. 더불어 당신의 말들이 먹을 귀리를 도둑맞지 않도록 해야 한다.

집사는 유능한 사람을 골라야 하며, 일단 집사를 고용하면 당신이 가진 재산을 엄격하게 관리하는지 매번 보고토록 해야 한다. 수확물을 서둘 때는 내다팔 수 있는 깃들이 무엇인지 살피고, 또 어떻게 하면 수익을 가장 높일 수 있는지 생각해봐야 하다. 어떤 작물을 키워야 바람직하고, 어떤 땅을 경작하고 또 어떤 땅을 놀릴 것인지도 결정하라. 그러기 위해선 당신이 알고 싶어하는 것에 대해 정확한 말을 해줄 수 있는 사람들의 도움을 받아야 한다. 당신 소유의 영지에서 어떤 작물이 재배되는지 잘 알고 있어야 하며, 또 작물 현황에 대해 정기적으로 보고받도록 하라.

당신이 예외적으로 큰돈을 써야 할 경우가 생기면 우선 그만한 큰돈이 자신에게 있는지 살펴야 한다. 만일 그렇지 못하다면 당신이 적자 상태가 되지 않도록 어떤 식으로든 수입을 증가시키는 방도를 모색하라. 예컨대 당신 수하에 최정예부대를 두기 위해 4,000에퀴가 필요한 상황이라면, 적자를 메우기 위한 방편으로 우선 도박세를 신설해서 거두거나 또는 이에 상응하는 편법을 구사할 필요가 있다.

또는 자금 확보를 위해 당신이 보유하고 있는 물품을 동원할 수도 있는데, 물품의 귀천 자체는 의미가 없다. 당신의 사회적 지위로 볼 때 물품이 너무 하찮은 것이 아니기만 하면 족하기 때문이다. 마찬가지로 장인의 뛰어난 솜씨 때문에 값이

나가는 은제품을 구입하는 일은 없도록 하라. 언젠가 당신이 궁지에 빠지는 날이 오면 내가 지금 하는 말을 뼈아프게 상기하게 될 것이다.

혹시 집사가 당신을 속이고 있는 것은 아닌가 하는 의심이 들 때 바로 진상을 알아내는 방도가 있다. 집사가 당신에게 장부를 보여주고 난 몇 시간 뒤, 당신이 보고받은 내용을 잊었다는 핑계를 둘러대며 집사로 하여금 다시 한 번 장부를 보지 않는 상태에서 당신에게 보고토록 하라. 그래서 만일 집사가 구두로 하는 보고가 조금 전의 보고와 일치하지 않는다면 그는 당신을 속이는 것이다.

명예

　　우선 어느 특정인이 문제의 명예직을 반드시 차지해야 한다고 역설함으로써, 사실은 당신 자신이 그 자리에 가장 적임자로 지목되도록 일을 꾸미라. 그런 다음 다른 사람들이 당신에게 직책을 맡아달라고 강권토록 만든 후, 현재 당신은 그 직책이 부여하는 특권을 이미 누리고 있다는 사유를 내세워 수락하기를 거부하라.

　　당신의 현명한 충고에 힘입어 세금을 따로 신설하지 않고서도 빈민을 위한 병원 건립처럼 백성들을 위한 수많은 위업

들이 실현될 수 있었다는 사실을 만천하에 공표하라.

당신이 현재의 지위에 오를 수 있었던 것은 당신 개인의 능력이나 재능 때문이라는 생각을 버리라. 만일 당신이 가장 유능하기 때문에 현재의 지위에 오를 수 있었다고 생각한다면 정말 어리석기 짝이 없다. 대개 능력 있는 사람보다는 능력 없는 사람에게 중책을 맡긴다는 사실을 명심하라. 당신이 맡은 직책과 특권이 당신 군주의 호의로 얻어질 수 있었다고 여기는 편이 차라리 현명하다.

원하는 자리가 있으면 미리 손을 써야 한다. 영향력 있는 인사들에게는 이권을 약속하고 중간에서 은밀하게 힘을 써줄 사람들을 찾으라. 나중에 자리를 차지한 다음에는 반드시 약속했던 대로 이행해야 한다. 한편 공개적으론 스스로를 낮추고, 때론 아주 겸허하게 보이라. 예를 들면 당신은 그 자리를 차지할 만한 자격이 못 되지만, 그럼에도 불구하고 그 자리를 차지한다면 애써준 사람에게 감사하기 이를 데 없을 것이라고 공언하라.

당신이 맡은 직책이 돈이 많이 생기는 자리이고 여기서 얻는 금전적 이익이 그 어떤 직책에서 얻는 이익보다 월등할 경우, 다른 사람이 당신을 밀어내지 못하도록 하는 아주 좋은 방법이 있다. 바로 여기서 생기는 수익 전체를 영구기금으로 묶어두는 것이다. 그러면 만일 다른 누군가가 그 자리를 차지하더라도 개인 재산만으로 지탱해나가야만 한다. 어쨌든 영구기금은 당신 명의로 남게 된다.

지위가 아무리 높더라도 더 높이 올라갈 수 있도록 목표를 설정하라. 당신이 학문에 정진한다면 전력투구하고, 쓸데없는 지적 놀음에 시간을 허비하지 말라. 수많은 대학자들이 바로 이런 마음가짐을 갖고 있다. 당신이 덕을 쌓기로 했으면 가장 숭고한 덕에 이르도록 하라. 명예를 원한다면 가장 빛나는 명예를 쟁취하라.

청탁

청탁을 받으면 바로 대답하지 말고, 오랫동안 심사숙고를 한 후에 안 된다고 거절하라. 당신이 누군가의 청탁을 거절한 후 번복할 요량이면 여러 가지를 잘 따져봐야 하고, 절실한 이유에서가 아니라면 결코 번복해선 안 된다. 청탁을 들어줄 수 없을 때는 우선 생각할 여유를 가지는 듯 뜸을 들이다가, 청을 들어줄 수 없어서 미안하다고 짐짓 진지한 투로 말하라. 또는 사전에 당신 비서와 입을 맞춰놓고, 신호를 하면 불쑥 예기치 않은 고약한 일이 생겼음을 알리는 편지를 전하도록 하라. 그러면 당신은 말이나 제스처로 난색을 표명하면서 청탁을 들어줄 상황이 아님을 주지시기라.

어떤 경우라도 청탁하는 사람에게 찾아오길 잘했다며 반갑게 맞이하라. 집요하게 청탁하는 사람에게는 당신이 또 어떤 방식으로 도와줄 수 있는지를 물으라. 그런 다음 그 사람의 면전에서 비서를 불러, 그의 일을 당신 자신의 일보다 더 신경 써서 처리했는지 확인토록 하라.

청탁한 사람에게 당신이 다른 사람을 찾아가도록 할 경우에는, 그 사람이 아무런 성과도 없었다는 인상을 갖지 않도록 처리하라. 만나야 할 사람을 어떻게 하면 찾을 수 있는지 꼼꼼하게 일러주라.

서민들의 마음은 쉽게 불이 붙는다. 서민들이 품고 있는 가장 강렬한 욕망은 일시에 활활 타오르는 짚단과도 같다. 만일 서민이 당신에게 분수에 넘치고 불필요한 청탁을 해오면 거절하라. 그런 다음 번번이 좋은 말로 핑계를 둘러대서 지체하고, 그래도 집요하게 청탁하면 망설이지 말고 또다시 거절하라. 그러면 이내 포기를 하거나 처음과는 정반대되는 또 다른 청탁을 들이밀 가능성이 높다.

누가 당신을 증오한다면, 이는 그 사람의 진심에서 우러나온 증오란 사실을 언제나 명심하라. 증오심은 사랑과는 달리 위선을 모른다.

자리 청탁을 하는 사람을 도저히 물리칠 수 없다면, 직책 때문에 자칫 위태로울 수도 있는 자리를 맡기라. 그렇다고 해서 이로 인해 일반 백성들이 피해를 입게 해서는 안 된다. 또는 영광스런 자리라고 둘러대며 궁정에서 일하도록 하라. 일반적으로 당신이 사람들에게 비록 허울뿐이고 아무런 혜택도 없는 명예직을 수여할 수 있는 지위에 있으면 유용하다. 예를 들어 고대 로마에서는 영광의 표시로 월계관을 수여했다. 대개 사람들은 명예직이 주는 허울과 현실을 잘 구분하지 못한다.

매년 정해진 날, 또는 이삼 년에 한 번씩 기록부에 적어놓은 아랫사람들의 공과를 점검하라. 그러면 누구는 내보내고, 누구는 또다시 직책을 맡겨야 하며, 또 누구는 헌신적으로 일한 보상으로 청탁을 들어줘야 한다는 판단이 선다. 한편 당신은 개인적으로 부탁해온 청은 기꺼이 검토해보겠지만, 중간에 사람을 넣어 청탁하는 경우는 자동적으로 제쳐놓을 것임을 분명히 하라.

감정을 흉내 내기

여러 시인들의 시집을 읽으면서 매 감정이 어떻게 발현되는지 연구하라. 혹은 『궁중 화술』[7]과 같은 책을 읽거나, 유용하게 쓰일 만한 여러 표정을 자유자재로 구사하도록 평소에 연습해놓으라. 속내를 절대 드러내면 안 된다. 얼굴에 분을 바르듯 당신 마음에 분을 바르라. 당신이 하는 말이나 어조도 마찬가지로 신경 써야 한다. 대부분의 감정은 얼굴에 나타난

---

7 | 문법학사이면서 수사학 교수인 제라르 펠르티에(Gérard Pelletier)가 1641년에 발표한 책이다.

다는 사실을 명심하라. 예컨대 두려운 마음이 들더라도, 이 사실을 아는 것은 당신 혼자란 사실을 되뇌면서 억누르라. 다른 감정도 마찬가지다.

잔치와 연회

지출을 줄이려면 물건을 살 때 설탕이나 밀랍을 녹여 만든 인물상(像)이며 산(山) 또는 분수 형상, 음악이 나오는 자동 인형처럼 여러 번 쓸 수 있는 물건은 대량으로 구입하라. 귀금속도 마찬가지다. 사람들을 기쁘게 하려고 당신의 주빈이 애용하는 무기로 무장한 인물 초상화를 구입한다거나, 당신의 식당에 짐승 가죽을 걸친 야만족 여성들이 횃불을 들고 서 있도록 하느라 쓸데없이 돈을 낭비하지 말라. 세계 각지에서 온 것처럼 보이도록 색깔이 다채롭고 맛이 제각각인 포도주와 술을 대접하라. 또는 아르노 드 빌뇌브[8]가 발명한 합성 포도주를 내놓아도 좋다.

식탁은 울긋불긋한 꽃다발이며 진짜 달걀들을 섞어 만든 커다란 달걀 모양 장식품, 향료를 뿌려 싸놓은 고기, 얼음 속에서 꺼내는 촛불, 향기 나는 불꽃과 규화(硅華)를 토해내는 눈 덮인 화산, 향긋한 냄새가 나는 인조 과일들로 꾸미라. 사과를 나뭇가지에 달린 채로 내놓으라. 정원에 사과나무가 있다면 돈이 전혀 들지 않으면서도 사람들의 관심을 끌 수 있다. 이런 식으로 준비하면 반응이 대단히 좋다.

물을 들이고 향기가 나는 잎들로 인조 식물을 만들어서 이국적 분위기를 자아내라. 과일은 유리쟁반에 담고, 아피시우스나 플라티나[9]가 만든 듯 갖은 방식으로 공들여 조리한 고기를 대접하라. 연회에서 사람들의 관심을 끄는 것은 음식의 질이 아니라 드물게 보거나 깜짝 놀랄 만한 것들이다.

살아서 꿈틀거리는 게를 삶은 게와 함께 내고, 밀가루 반

---

8 | 아르노 드 빌뇌브(Arnaud de Villeneuve, 1240~1313) 점성술사이자 연금술사이고, 레몽 륄르의 스승이었다. 그는 당시의 수많은 학자들처럼 화금석(化金石)을 연구하면서 금속의 용해에 깊은 관심을 가졌다. 여러 역사가들이 부인하는 사실이지만, 여기서 마자랭 추기경이 드 빌뇌브가 "합성 포도주"를 발명했다고 암시하는 까닭은 아마도 그가 테레빈유(油)와 주정(酒精)을 발견했기 때문인 것으로 추측된다.

9 | 15세기에 로마에서 이름을 떨치던 요리사들로, 이탈리아 요리의 원조다.

죽과 뼈로 만든 가짜 넓적다리와 물고기 모양으로 지른 고기, 또 소스 대신에 시럽을 내놓으라. 마치 마술을 부리듯 다채로운 빛깔의 음식들을 올려놓은 바퀴 달린 테이블을 등장시키기도 하고 사라지게도 하라. 맛이 강한 치즈들을 엄선해서 독특한 모양으로 내놓으라. 또는 주빈들이 인조 보석으로 장식한 식기에 음식을 담아 먹게 하는 방법도 있다.

피해를 줄이라

당신의 영지가 아무리 작은 피해라도 입지 않도록 신경 쓰라. 하인들과 소작인들에게 피해의 조짐이 보이면 바로 알리도록 명령하고, 만일 수리하지 않으면 어떤 손실을 입을 수 있으며 또 그 수리비는 얼마나 드는지 정확히 보고하게 하라. 구입에 드는 비용과 팔아서 얻게 될 수입을 정확히 계산하고, 잘 모르는 분야에 대해서는 전문가에게 자문을 구하라. 당신의 집사가 매주 소유 농가들에 대해 보고하도록 하라. 사람을 써서 당신 저택이 정상적으로 유지되고 있는지 조사하라. 집 전체를 돌면서 문은 제대로 닫히는지, 없어진 물품은 없는지 확인하라.

만일 당신이 영지를 관리하는 직책을 맡고 있다면 들고나는 모든 물품을 기록하라. 더불어 당신의 영주가 신임하는 만큼 더욱더 정직하게 일하라.

개혁

개혁을 꾀하기 전에 스스로에게 다음과 같은 네 가지 질문을 던져보라.

1. 내가 도입하려는 개혁이 나에게 이로운가, 해로운가?

2. 내가 개혁을 실천에 옮길 수 있는 역량을 지녔는가?

3. 내가 개혁을 주도할 수 있는 지위에 있는가?

4. 내가 개혁으로 영향을 받게 될 사람들의 신임을 얻었는가?

본전을 잃지 말라

만일 당신이 누가 성공할 것이란 쪽에 돈을 걸었다면, 그가 실패할 것이란 쪽에도 돈을 걸라.

당신이 서면으로 약속의 내용을 적다가 미심쩍으면, 나중에 다르게 해석될 수도 있는 애매모호한 항목을 첨가하라. 예를 들어 어느 도시가 투항해오면, 무질서나 반란행위가 벌어지지 않아야 한다는 단서를 단 연후에 주민 모두의 재산을 보호해주겠다는 약속을 하라. 다만 문제의 무질서가 전체 도시민들이 들고 있어났을 경우를 뜻하는지, 아니면 불과 몇 사람의 경우라도 해당되는지 명확히 하지 말라(부하들을 시켜 얼마든지 일을 꾸밀 수 있다). 그런 다음 이것으로 족하거나, 아니면 법원의 요구가 있을 경우 약속을 지킬 수 없는 상황이 벌어졌으니 무효라고 공포하라.

어떤 약속을 하든지 언제나 내가 지금 이른 대로 하라. 그러면 나중에 얼마든지 빠져나갈 여지가 생긴다.

실수를 감추라

어쩌다 당신이 하지 않으면 좋았을 말을 언급했거나 말실수를 했을 때는 즉시 주변 사람들에게 당신이 그들의 반응을 알아보기 위해서라거나 또는 다른 의도가 있어서 그렇게 했다고 둘러대라. 그런 후 자기가 의도했던 바대로 되었다는 듯 웃음을 터뜨리거나, 반대로 사람들이 자기를 이해해주지 못한다는 듯이 화를 내라.

사람은 모르기 때문에 실수를 저지르곤 하는데, 마찬가지로 공연한 질문을 함으로써 실수를 저지를 수 있는 사태에 결코 빠지지 말라. 대신 상황을 정확히 파악하려면 어떤 방법을 써야 하는지를 생각하라. 예컨대 이해 당사자가 아닌 다른 사람에게 지금과 같은 상황이라면 어떻게 생각하겠느냐고 묻는 방법이 있는데, 이런 질문을 할 때도 당신이 잘 모르면서 묻는다는 인상을 주어서는 곤란하다.

또는 당신이 어떤 상황에서 스스로 했던 말을 잊는 수가 있는데(진심으로 말했을 때도 그러는 수가 있다), 어쨌든 이때는 했던 말과 반대로 말하지는 않도록 해야 한다. 바로 이런 까닭에 자기가 했던 중요한 말은 적어둘 필요가 있다.

더불어 사람을 혼동하지 않도록 해야 한다. 만일 사람을 잘못 알고 있는 경우 당신이 어떤 문제에 무지하다는 점을 노출시킬 수도 있고, 또 대화 상대가 알면 안 되는 사실을 발설할 위험도 있기 때문이다. 이러한 위험에 빠지지 않도록 매우 조심해야 한다.

당신의 적을 증오하게 만들라

　어떤 사람을 당신 윗사람의 눈 밖에 나도록 하려면, 윗사람이 개인적으로 모독을 느낄 정도로 그 사람을 '칭찬' 하라. 그런 다음 쐐기를 박으려면, 주군 앞에서 한 '칭찬' 이 당신 자신의 말이 아니라, 세간에 떠도는 소문을 그저 옮겼을 따름이라고 하라. 그런 다음 윗사람이 뭐라 생각할는지 잠자코 보고 있으라. 윗사람에게 넌지시 문제의 인물에 대한 세간의 평이 점점 더 나빠진다고 암시하면서도, 사람들이 뭐라 떠들던 간에 심려할 필요는 없으며 수플레 과자가 식으면 쭈그러들 듯 소문이 저절로 사그라지도록 내버려둬야 하지 않겠느냐는 식으로 말하라. 그러면 윗사람은 나쁜 소문의 가장 큰 피해자가 바로 자기 자신이라 생각하지 않을 수 없게 된다.

짐짓 윗사람의 관대함을 칭송하는 듯이 가장하고, 문제의 인물이 가련한 듯이 하라. 윗사람의 비호 아래 있는 문제의 인물이 어떤 눈먼 열망을 품고 있는지 장엄한 어조로 읊조리라. "그 얼마나 특출난 인물인가! 그토록 고귀한 사람이 그런 저열한 감정에 빠져들다니……." 물론 무엇이 저열하다는 것인지는 밝힐 필요가 없다.

당신이 거꾸러뜨리고 싶어하는 사람을 위협하지 말라. 이와는 정반대로, 당신의 적이 당신보다 힘이 강하기 때문에 감히 당신이 자기를 해칠 수 없다고 믿도록 하라. 적과 친근한 관계를 유지하고 또 유지해서 신임을 얻으라. 그런 다음 당신과 만날 장소에 염탐꾼을 숨겨놓고, 적에게 위험천만한 말을 하도록 유도하라. 예를 들면 그가 자기 윗사람을 나쁘게 말하도록 하는 식이다. 그런 다음 이를 밀고하면 염탐꾼들이 사실이라 확인해줄 것이다.

그때 가서 당신은 문제의 인물이 행한 짓거리며, 만일 그 인물을 당장 제거하지 않으면 야기될 수 있는 위험들을 부풀려서 고하라. 그러면서 당신이 사무친 원한 때문에 고발하는 것이 아니란 인상을 줄 수 있도록 그의 구명을 위해 발 벗고 나서고, 윗사람에게 그를 용서해달라고 빌라. 하지만 당신의 애원이 받아들여지지 않도록 잘 요리해야 한다! 다른 한편으론 문제의 인물이 갖고 있는 가장 고약한 성격상의 결함을 한껏 부풀리고, 그가 했던 행동을 편향되게 해석해서 나쁜 사람으로 낙인찍히게 하라. 마지막으로 벼랑 앞에 선 그의 등을 은밀하게 떠밀어라.

여러 명의 적을 동시에 공격한다는 것은 결코 신중한 태도라 할 수 없다는 사실을 명심하라. 또한 어느 한 사람을 제거할 계획을 세울 때는 임시로나마 다른 모든 사람들과 편안한 관계를 유지해야 한다.

당신의 지위는 당신이 공격에 나서기 전까지는 확고부동하다는 점을 명심하라. 복수심에 눈이 어두워 지위를 높일 수 있는 기회를 절대 놓쳐서는 안 된다.

우정에 종지부를 찍으라

관계를 과격하게 끊지 않도록 하라. 비록 당신이 전혀 흠잡을 데 없음에도 불구하고 당신의 친구가 아주 못된 행동을 하더라도 마음속에 들끓는 적개심을 다스리도록 노력하라. 친구를 용서하되, 마음속 깊은 곳에서는 그 친구에 대한 애정을 조금씩 억눌러서 마침내 우정의 끈이 끊어지도록 하라. 예컨대 사업상의 이유로 어쩔 수 없이 그 사람을 만날 수밖에 없는 경우엔 계속해서 만나되, 말을 할 때는 가능한 한 짧게 하라. 때론 식사 초대를 할 수도 있다. 그때는 당신 뒤를 봐준다고 해서 친구가 되는 것은 아니란 사실을 알게 하라.

어느 누가 당신의 윗사람으로부터 총애를 받고 있다는 확신이나 의심이 들면 다음과 같은 방법을 써보라. 우선 당신의 '경쟁자'를 부추겨 윗사람이 매우 애착을 가져서 다른 사람에게 좀처럼 주려 하지 않는 물건을 달라고 하도록 하라. 그러면 경쟁자는 윗사람에게 거절당할 테고, 그때 가서 당신은 그에게 윗사람이 사실 그 물건에 그리 애착을 갖지 않는 듯이 믿게 하라. 그러면 경쟁자는 자기가 거절당했던 일을 지독한 모욕으로 받아들일 것이다.

두 사람 사이를 이간질하려면, 어느 한 사람이 다른 사람에게 무엇을 빌리도록 사주하라. 예컨대 연회에 입고 갈 의상이나 먼 여행길에 타고 갈 말 따위를 들 수 있는데, 빌린 사람이 나중에 돌려주더라도 처음 상태 그대로 돌려주기는 힘든 것으로 고르라. 그 밖에 소유주가 마침 바로 그 물건이 꼭 필요할 때에 빌리도록 일을 꾸미라. 그렇게 되면 물건을 빌리려 했던 사람이 실제로 물건을 빌렸든 빌리지 못했든 간에 두 사람 중 한 사람은 자존심이 상할 수밖에 없고, 그러면 두 사람 사이에 틈새가 벌어지게 마련이다.

이런 방법도 있다. 두 사람 중 어느 한 사람이 다른 사람에게 무엇을 빌리되, 언제 돌려주는지 기한을 말하지 않도록 일을 꾸며라. 그러면 나중에 물건을 빌려준 사람은 상대방의 기분을 상하게 할지 모르기 때문에 언제 돌려줄 것인지 묻지는 못하면서도, 속으로는 기분이 대단히 상하지 않을 수 없다. 그래서 껄끄러운 감정이 들어 그 사람을 피하게 되고, 그러다 보면 두 사람 사이에 균열이 생겨서 결국 그 둘은 돌이킬 수 없는 관계가 되어버린다.

또는 두 사람 중 어느 하나가 지금 누리는 지위가 순전히 다른 사람이 헌신적으로 돌봐줬기 때문에 그럴 수 있었다는 소문을 퍼뜨리라. 더 효과적인 방법은 두 사람 중 한 사람이 자기 친구는 재산도 없고 집도 없으며 출신도 비천하다 보니, 우정을 유지하기가 참으로 고달프다는 헛소문을 사방에 퍼뜨리는 것이다. 그러면 머지않아 두 사람은 서로 서먹해 하다가 결국 전혀 만나지 않게 되기도 한다.

또 다른 효과적인 방법으로, 두 사람 중 한 사람이 다른 사람에게 비밀을 털어놓도록 일을 꾸미는 것이 있다. 그런 다음 중간에 사람을 내세워 그 비밀을 여러 사람에게 누설하라. 그러면 쉬쉬하면서 비밀이 떠돌게 마련인데, 이로써 두 사람의 우정에는 균열이 생긴다.

찬양

　　말할 때는 언제나 진실하게 말하는 듯하고, 당신 입에서 나
오는 한마디 마디마다 가슴에서 우러나온 듯이 하고, 당신이
오로지 공동의 선에만 관심을 갖는 듯이 하라. 더불어 아첨이
야말로 세상에서 가장 가증스러운 짓이라 공언하라. 당신 윗
사람이 관용과 지극히 고귀한 성품을 가졌다는 점을 누차 찬
양하고, 오직 한 가지 아쉬운 점이 있다면 너무도 너그럽다고
역설하라.

　　어느 누구를 기쁘게 하려고 다른 사람들에게는 간접적인

질책으로 여겨질 수도 있는 찬양을 해서는 안 된다. 다만 당신이 고함치고 소란스런 군중 속에 묻혀 있고, 대체 누가 무슨 소리를 하는지 모를 때는 예외다. 가장 바람직한 처신은 당신의 친구들을 찬양하지 말고 허물은 감춰주는 것이다.

차마 거절하지 못하도록 하라

　당신이 누군가에게 직책을 맡기려는데 만일 상대가 수락하질 않으면, 그 사람의 거부 의사를 존중하라. 그리고 그가 내세우는 이유를 그 사람의 이해관계가 아니라 당신 자신의 이해관계에서 고려해볼 것이라고 천명하라.

　또는 당신이 그 사람에게 직책을 맡긴다는 내용이 담긴 편지를 주면서, 다만 당신이 여행을 떠나고 난 며칠 후에 읽도록 명령하라. 그런 다음 그가 임명되었다는 사실을 사방에 퍼뜨리고 편지로 답장할 생각을 하지 말라고 이르라. 만일 당신이 구두로 임명 사실을 말해야 하는 경우에는, 그가 직책을 '맡더라도 잠시일 뿐이며, 본인이 원한다면 오래지 않아 직책을 그만두게 해주겠다고 하라. 하지만 지금 당장은 직책을 맡아서 뛰어난 능력과 역량을 발휘해야 할 때이며, 탐내는 다른 사람들이 직책을 넘보지 못하도록 해야 한다고 역설하라. 그리고 마지막으로 문제의 직책은 검증된 사람만이 맡을 수 있는 자리이고, 훗날 더 높은 직책으로 이어질 수 있다고 덧붙이라.

분노를 참을 줄 알라

어느 누구에게 쉽게 화를 내지 않도록 하라. 주변 사람들의 악의로 오해하는 경우가 종종 생기게 마련이기 때문이다. 사정을 잘 모르고 화를 냈다가는 당신이 곤란한 지경에 빠질 수도 있다.

비록 당신이 모욕당하더라도 마치 아무 일도 없었다는 듯 처신하는 편이 가장 바람직하다. 만일 이로 인해 다툼이 벌어지면 이후 또 다른 다툼으로 이어지고, 그러다 보면 평생 으르렁거리는 사이가 되기 십상이다. 설사 당신이 최후에 승리를 거두게 된다 하더라도 차라리 지느니만 못한데, 그간에 무수한 원한을 샀을 것이기 때문이다.

누가 당신을 조롱할 때 가장 좋은 대처법이 있다. 우선 상대가 당신을 겨냥해서 했던 조롱의 말은 물론이고 그 속에 담긴 악의도 알아챘다는 점을 표시하라. 하지만 똑같이 악의적으로 응수하는 대신에 상대가 했던 말에 곧이곧대로 순진하게 답변하는 듯이 하라. 그런 다음 당신의 관심이 더 중요한 다른 문제에 쏠려 있는 듯 처신하라.

누가 당신의 이름을 직접 거명한 것은 아니지만 당신이 했던 행적임을 명백하게 암시하면서 맹비난을 쏟아 붓는다면, 곧이곧대로 알아듣는 척하고, 당신과는 전혀 상관이 없다는 듯 어떻게 그런 야비한 행동을 할 수 있느냐면서 분개하는 동시에 그런 행동을 하는 사람을 혐오한다고 선언하라. 그렇게 전혀 알아들을 수 없다는 듯 완전히 딴청을 부리라.

만일 당신 이름을 들먹이며 비난을 퍼부을 때는, 당신이 과연 화를 내려는지 보려고 상대가 농담을 하고 있다는 식으로 대처하라. 그러면서 가벼운 농지거리로 좌중 사이에 웃음이

터져 나오게 하라. 혹은 그런 행동을 한 장본인이 당신이 아니란 듯 버럭 화를 내면서, 비난을 퍼부은 상대보다도 더욱 분개하는 것처럼 보이라. 당신이 불같이 화를 내며 길길이 날뛰면 오히려 상대가 머쓱해질 테고, 바로 그때 뭐 그런 일로 땅에 파묻어뒀던 도끼까지 꺼내들고 싸움을 할 필요는 없지 않느냐는 식으로 말하라.

누구의 집을 방문했을 때 불손하게 맞이하는 태도와 맞닥뜨리더라도, 아무 말도 하지 말고 잠자코 있으며 마치 극진한 대접을 받는 듯이 처신하라. 그러면 오히려 집 주인이 무례하게 대했던 것에 대해 몸 둘 바를 몰라 하며 당신이 하는 말에 마지못해 수긍할 것이다. 그 후에는 당신에게 미안한 마음이 들어서 선물을 하거나 당신이 청하는 부탁을 기꺼이 들어줄 것이다.

당신이 불과 얼마 전에 귀족작위를 받았다면, 틀림없이 주변에서 귀족작위 따위는 아무짝에도 쓸모없다고 떠들어댈 것이다. 그렇게 신흥귀족을 싸잡아 욕하면 수긍하는 듯이 하고, 유서 깊은 귀족 집안을 근거를 들어가며 찬양하라.

이와 비슷한 상황에서도 마찬가지로 처신하라.

만일 누가 당신에게 노골적으로 싸움을 걸어와 도저히 모른 척하지 못할 경우에는 외우고 있는 재치 있는 말이나 경구 중에서 시의적절한 말을 찾아내 응수함으로써 화제가 다른 곳으로 옮겨가도록 하라. 또는 하인과 미리 짜놓은 각본대로, 신호를 하면 하인이 편지를 가지고 나타나도록 하라. 당신이 편지를 열어보고는 아주 기쁜 소식을 접했다는 식으로 꾸미면 상대가 감히 트집을 잡지 못할 것이다. 그리고 급한 일 때문에 서둘러 자리를 떠야 한다고 둘러대라.

일반적으로 이와 같은 경우에 처했을 때는 상대방이 스스로 정당하지 못했다고 수긍할 수 있도록 생각할 여유를 주라. 당신이 상대의 잘못을 지적하지 않는다면 상대가 굳이 당신에게 화를 낼 까닭이 없다.

상대가 중요한 약속을 언제까지 이행하겠다고 하고서 예기치 않은 일 때문에 지킬 수 없다고 하면 화가 나지 않을 수 없다. 그렇기 때문에 이런 방식으로 약속하게 해서는 안 된다.

도망치기

마시고 싶으니 술 또는 독주를 갖다달라고 하라. 그런 다음 가져다준 술을 당신의 옷과 침대에 뿌리고 불을 붙이라. 그러면 감시원은 당신이 절망에 빠진 나머지 자살을 기도했다고 여기고 얼이 빠져 다른 사람들에게 알리러 갈 것이다. 바로 그 사이에 도망치라.

꾀병을 부리라. 예를 들면 변에 피가 섞여 나오게 하라. 꼭두서니를 먹으면 쉽게 이룰 수 있는 일이다. 또는 맥박이 고르지 못한 듯이 하라. 곰팡이를 먹으면 가능한 일이다. 그리고 나서 의사를 불러 불면증에 시달린다고 호소하라. 그런 다음 당신을 경비실에 옮기도록 하고, 경비 서는 사람에게 저녁을 함께하자고 제안하라. 경비원이 한눈을 파는 사이 의사가 처방해준 수면제를 물잔에 풀어넣으라.

만일 당신이 연금 당한 상태에서 빠져나갈 때에는, 발끝에서 머리끝까지 무장했다고 고래고래 소리치라. 그러면 당신 뒤를 추격하는 사람들이 어떻게 도망을 쳤는지 알아보다가 멈칫하지 않을 수 없게 된다.

당신이 추격당할 때는 당신이 들고 있는 피 묻은 칼을 길섶처럼 눈에 잘 띄는 곳에 던져두고, 옷을 벗어 강가에 버리라. 그러면 당신이 강에 뛰어들었다고 여기게 된다. 당신이 어느 집에 갇혔을 때는 동료들로부터 멀리 혼자 떨어져서 불을 놓으라. 그러면 당신이 불길에 타죽었으리라 여길 것이다.

길을 물어볼 때는 한쪽 방향만 묻지 말고, 동시에 여러 곳을 물으라. 당신의 행적이 추격하는 사람들의 눈에 띌 때는 가고자 하는 반대 방향으로 도주하는 듯이 보이라.

추격꾼들이 근접해 있으면 당신의 말을 다치게 하고 도망 치라. 그러면 말을 보고서 당신이 살해당했을 것이라 여길 것 이다.

또는 당신이 쓰고 있는 모자를 냇물에 던지면 당신이 물에 빠졌다고 여길 수도 있다.

마의(馬依)는 안쪽을 뒤집어씌울 수 있는 것으로 장만하 고, 당신이 걸칠 망토로는 여러 색깔을 함께 구비해놓으라.

한편 양쪽이 다르게 칠해진 양피지 가면을 준비해서 그때 마다 알맞은 쪽을 선택해서 쓰라.

벌

당신 스스로 결코 잔혹한 행위를 하지 말라. 특히 사람을 죽여서는 안 된다.

만일 어느 누구를 허물 잡긴 힘들지만 혹독하게 벌하려 할 때는 다음과 같은 방법을 쓰라. 손을 보기로 한 인물의 아들이 당신이 평소라면 눈감아주거나 관대하게 대처하는 사소한 잘못을 범했을 때 엄하게 다루라. 그러면 아버지는 분노에 사로잡혀 당신에게 항의하고 험구를 늘어놓을 것이다. 그러면 아들에 대한 벌을 두 배로 하라. 아버지의 항의도 두 배로 거칠어질 수밖에 없다. 그때 가서 문제의 인물을 불복종죄와 반역

죄로 잡아넣고, 저지른 죄에 걸맞게 혹독하게 처벌하라.

젊은이들은 벌하면 올바른 길로 나아가기보다는 오히려 더 나빠지는 경우가 많다. 그렇기 때문에 젊은 혈기를 주체하지 못해 범하는 웬만한 과오는 눈감아주고 또다시 되풀이하지 않도록 하는 편이 현명한 처사다. 그렇다고 해서 아무 행동이나 용서하란 말은 결코 아니다. 습관성을 갖거나 되풀이해서 범하는 훨씬 더 고약한 행동은 제제를 가할 수밖에 없다.

궁정이나 당신의 집에서 누구를 내보낼 때나 누구를 면직시킬 때 거칠게 항의하면, 그 인물이 항시 당신에게 나쁜 일만 속삭대고, 이 때문에 당신 수하들이 그간 얼마나 많은 고통을 겪었는지 뒤늦게 깨달았노라고 천명하라. 그래도 그가 쫓겨나서 애석하다고 말하는 이들이 있다면, 이제 그가 없기 때문에 일이 보다 원활해질 것이라 말하고, 모든 사람이 공감할 수 있도록 몇 가지 은덕을 베풀라. 예를 들면 당신이 집사를 내보냈을 때에는 그간 봉급을 받지 못했던 사람들에게 즉시 봉급을 지급하라.

일을 처리할 때는 공평하고 너그러움과 관용으로써 임하
되, 자기가 내린 결정은 스스로 감당할 수 있도록 하라. 예를
들면 당신 휘하의 재무장관이 당신에게 잘 보일 목적으로 부
당하게 무거운 세금을 징수하려 할 경우, 또다시 국고를 세금
으로 채워야 할 일이 생길 때는 백성들은 연거푸 세금을 낼 필
요가 없으므로 굳이 세금 납부를 원치 않는다면 재무장관이
대신 납부하겠다고 공표하라.

누군가의 나쁜 습관을 고쳐주려면 그 사람이 어떻게 하면
또다시 그런 습관에 빠지지 않을지 함께 고민하라. 사실상 스
스로 해결책을 찾아내고 스스로 잘못을 자책하도록 하는 편이
가장 바람직하다. 적어도 그런 자각을 갖도록 해야 한다.

폭군으로 군림하지 말라. 어떤 식으로든 도를 넘는 가혹한
심문을 벌여서는 안 된다. 오히려 정반대로 당신이 그 누구에
게도 원한 살 일을 하지 않았으면 아랫사람들의 허물을 눈감
아줘도 무방하다.

고귀한 신분의 사람에게 모욕적인 형벌을 가하지 말라.

벌주고 싶은 사람이 있다면, 당신이 전적으로 신뢰하는 사람의 집으로 찾아가 편지를 당사자에게 전해주도록 하라. 집 주인이 바로 벌하는 책임을 맡을 사람이다. 그 인물이 편지를 전하러 떠나면 즉시 또 다른 편지를 집 주인에게 몰래 보내 어떤 벌을 줘야 하는지 지시하라.

나쁜 버릇이 있는 사람을 고쳐주는 좋은 방법으로 똑같은 버릇을 가진 사람을 벌하는 직책에 앉히는 방법이 있다. 예를 들면 알코올중독자에게 과도한 술 소비를 단속하는 직책을 맡기는 식이다.

누가 잘못을 범한 뒤 공개적으로 사죄하면 기꺼이 용서하라. 만일 용서하지 않으면 그 사람은 가혹한 처벌에 반발해서 더욱 고약해질 수 있다. 우선 형벌을 줄여주고, 선고가 있은 다음 심경의 변화가 있는지 감시하라.

죄인을 심문할 때는 더 이상 기대할 것이 없다는 식으로 대해서는 안 된다. 그가 잘못한 점들만 열거해 저개심만 드세게 하기보다는 되도록 당신이 관대한 사람으로 보이게 하라.

반란을 잠재우라

　반란에 가담한 사람들을 한꺼번에 만나지 말라. 대신 이들이 지명하는 대표를 만나도록 하라. 때론 반란이 지식인들의 부추김으로 일어나기도 하지만, 빚 때문에 백성들이 반란을 일으키면 유예 조치를 내리라.

　주동자를 제거하거나 색출을 도움으로써 반란을 가라앉히는 데 기여하는 사람들에게 보상하겠다고 약속하라.

　만일 민중이 걷잡을 수 없는 폭동을 일으키는 경우, 널리 존경받는 인사를 내세워 하느님을 두려워할 줄 알아야 하고 자비심을 잃어버려서는 안 된다고 설득해서 진정토록 하라.

이런 감정들만이 민중의 폭동을 잠재울 수 있다. 한편 주동자들이 민중이 아닌 자신들의 개인적 이익을 위해서 일을 꾸몄고, 수많은 사람들의 고통과 피의 희생 위에 권력자로 군림할 작정이며, 민중에겐 아무런 혜택도 나눠주지 않을 것이란 소문을 퍼트리라.

합당한 칭찬을 들어주고
스스로도 아끼지 말라

　지나친 칭찬은 물론이고, 틀린 말은 아닐지라도 다른 사람과 비교해서 하는 칭찬을 용납할 정도로 어리석어서는 안 된다. 사람들은 상궤에서 벗어난 일들은 좀체 믿으려 하지 않는다.

　윗사람이 있는 자리에서 누가 보란 듯이 당신의 칭찬을 할 때는 그가 당신이 없을 때 험담을 한 것은 아닌가 의심해봐야 한다. 도에 넘치게 당신을 칭찬하는 사람은 위선자다. 당신이 하는 모든 행동이 고귀하다느니, 당신에게 너무 고마워서 감동했다느니, 당신의 발을 핥고 싶을 정도라고 치켜세울 때는 바짝 경계해야 한다.

당신이 가진 막강한 권력을 경솔하게 자랑해서는 안 된다. 당신의 적들에게 정보를 안겨주는 셈이기 때문이다. 당신이 쌓은 공적을 책자로 만들어서 명성을 공고히 할 생각이 있다면, 세계 각지의 모든 독자들이 읽을 수 있도록 소책자로 만들어라. 또한 관련 분야의 저자들과 긴밀한 관계를 맺고 그들이 집필하는 책에서 당신 자신의 성격과 업적을 찬양토록 하라. 묵직한 책으로 만들어서 사람들이 읽지도 않고 사지도 않게 하는 것보다 당신의 명성을 높이는 데 훨씬 효과적일 것이다.

평정을 잃지 말라

일을 처리하면서 정확한 날짜를 못 박지 않도록 하고, 작정한 날짜를 한 번도 넘긴 일이 없다고 자랑하지 말라. 뜻밖에 더 중요한 일들이 생겨 기한을 맞추지 못할 때도 있기 때문이다. 또는 예기치 못한 일 때문에 차질이 초래되는 경우 공연히 기분 상해할 필요는 없기 때문이다.

당신의 측근이나 신뢰하는 사람들이 영원히 당신의 곁에서 충실하게 보좌할 수 있으리라 믿는 우를 범하지 말라. 이 세상 그 무엇도 확실한 것은 없다.

당신이 비록 측근들에게 비판받는 일이 생기더라도 냉담하게 대처하라. 비밀은 들으려 하지도 말고, 아니면 적어도 완전히 신뢰하는 사람들하고만 공유하라.

타인의 재산을 결코 맡지 말라.

언제나 입이 가벼운 사람들에겐 "요즘 어떠십니까?" 정도의 인사만 나누라. 깊이 생각하지 않은 상태에서 제삼자를 위해 나서지 말라. 만일 그랬다가 뜻을 이루지 못하면 성가신 문제가 발생한다.

장인이나 물건 대는 사람들은 아랫사람이 상대하도록 하라. 잘 울고 고집 센 여자들과는 말다툼을 벌이지 말라. 당신을 내키지 않는 장소에 끌고 가려 하면 일을 핑계 대고 응하지 말라. 보통 사람들이 수긍할 만한 일을 핑계 대며 응하지 않는다는 마음가짐을 항시 간직하라.

비판에 초연하라

칭찬, 아첨, 미화, 비웃음 등은 바로 인간의 위선이 지배하는 영역이다. 당신을 비판하는 팸플릿이 있으면 읽어두고, 모든 사람에게 보여주면서 재미있다는 식으로 대처하라. 그러면 팸플릿을 쓴 작자들이 의기소침해질 것이다.

공개된 장소에서 독설가들과 대적하지 말라. 차라리 위급한 일이 있다고 핑계를 대고 집 밖으로 나오지 말라. 어쩔 수 없이 응수해야 할 경우엔 집에서 비판의 글을 여러 번 읽으면서, 적절한 대목들에서 웃음을 터뜨리는 연습을 하라. 그런 상황에서 어떤 표정을 지어야 하는지 흉내 내보고, 당신 앞에 웃음바다가 된 군중을 그리면서 예상되는 질문을 떠올리며 적절한 표정을 지어보도록 하라.

당신에게 불행한 일이 닥쳤을 때만큼은 감정을 숨기지 않도록 한다. 매번 당신이 침묵을 지킬 때마다 사람들은 즉각 당신에게 무슨 큰일이 생겼음을 감지해내기 때문이다.

말재주

누가 불행한 일을 당했을 때는 수사학자들이 권하는 상투적인 말로 위로하라. 위로한답시고 말이 지나쳐서 당신 자신을 치켜세우는 식은 곤란하다.

당신이 있는 자리에서 누가 다른 사람을 비난할 때는, 그 사람에 관한 칭찬이나 비판의 말을 하지 말고 잠자코 있으라. 만일 당신이 입을 벌리게 된다면, 비난하는 사람이나 비난받는 사람 중 어느 한쪽에게 원한을 사게 된다.

설사 윗사람에게 비난받더라도 다른 사람들에게 윗사람에 대해 말할 때는 언제나 좋은 말로 하고, 누가 윗사람에게 누를 끼칠 수 있는 말을 할 때는 설사 당신의 손상된 자존심을 긁어 주더라도 그냥 내버려두지 말라.

당신이 있는 자리에서 누가 어떤 사람을 비난하는 경우, 과연 누가 옳은지 검증하는 방법이 있다. 우선 비난하는 사람이 한 말을 모두 적은 뒤, 그에게 비난받는 당사자에게 보여주며 확인할 테니 했던 말을 그대로 종이에 적어보라고 하라. 그러고 나서 두 기록을 대조하라. 그러면 진실이 무엇인지 알 수 있다.

의심을 사지 말라

내가 앞서 소개한 〈다른 사람의 마음을 얻는 법〉, 〈다른 사람의 기분을 상하게 하지 말라〉, 〈신중하게 행동하라〉를 세심히 다시 읽으라.

누가 당신의 윗사람이 있는 자리에서 당신에 관해 험구했는지 알아보는 방법이 있다. 의심이 가는 사람의 수중에 당신이 쓴 윗사람을 찬양하는 편지가 우연찮게 들어가게 하라. 만일 그 사람이 당신에게 정말로 해코지하려 한다면, 부리나케 그 편지를 들고 윗사람에게로 달려갈 것이다. 편지를 쓸 때는,

물에 담그거나 불로 덥혀야만 글자가 나타나게 하는 특수한 방법으로 썼다고 중간에 가로챈 사람이 믿도록 곳곳에 여백을 남기는 수법을 쓰라. 또는 매 문장을 처음 음절들과 마지막 음절들만 쓰는 식으로 작성하라. 그런 다음 당신이 저열한 아첨꾼으로 보이기 싫기 때문에 윗사람이 그 편지를 절대 읽게 해서는 안 된다고 큰 소리로 공언하라.

적을 제거하는 법

　　어느 누구를 직책에서 쫓아내려 할 때는, 우선 그가 직무를 수행하기 위해 필요한 자금을 보내주지 말라. 그러면 빚을 낼 수밖에 없고, 나중에 그가 직책에서 물러날 때는 돈을 빌린 사람들에게 변제를 해야 하기에 자기 개인 돈으로 메울 수밖에 없다. 결과적으로 당신은 손가락 하나 까딱하지 않고 그 사람을 궁지로 몰아넣은 셈이다.

　　당신을 밀치고 윗사람의 총애를 차지하려는 사람이 있으면, 일정 액수의 돈이나 윗사람이 애지중지해서 자물쇠를 채

위놓는 물건을 맡기거나, 윗사람의 부인이 아주 아끼는 보석을 맡도록 일을 꾸며라. 그런 다음 어느 날 밤 그 사람이 여흥을 즐기러 집을 비운 사이 맡겨놓은 물건을 훔치고, 윗사람에게 수하의 사람 중 도둑질을 하는 배반자가 있을지 모른다고 암시하라. 물론 이런 종류의 일을 꾸밀 때는 매우 치밀해야 한다.

당신이 벌했거나 내쫓은 사람이 앙갚음하려 하거나 소동을 부릴 듯한 기미가 포착되면 예고 없이 체포해서 옥에 가두라. 예컨대 부대를 통솔하는 장군을 제거하려 할 때는 사전에 그 부대의 다른 장군을 은근히 인기가 좋도록 만든 뒤 그 자리에 앉히라. 그런 다음 병사들이 지휘관이 교체된 일에 불만을 품지 않도록 즉시 당신의 금고에서 봉급을 지급하라[10].

만일 누가 모든 사람들이 들리도록 어느 특정인을 비난하는 소리로 연회 중에 소란을 피우면, 그 사람에게 쓸 것을 가

---

10 | 서양에서 '병사'란 말(soldier, soldat)은 이들이 '봉급'(salary, salaire)으로 소금(salt, sel)을 받았던 데서 연원한다.

져오게 해 소리친 내용을 빠짐없이 적게 하고 서명하도록 명령하라. 그리고 나서 다음날 아침 일찍 당신 앞에 출두해서 합당한 모든 증거를 제시하도록 하라.

야심에 찬 인물이 감당할 능력도 없으면서 당신의 직책을 탐한다면, 어디 한번 맡겨보도록 하라. 예를 들면 당신이 야전사령관이라면 언제나 주변의 시샘을 받을 수밖에 없다. 만일 누가 이 자리를 탐하면, 우선 사전에 여러 군사 작전을 펼쳐 적군의 공격 수준을 높여놓고, 당신의 자리를 탐하는 사령관이 지휘하는 후방 부대에 보급이 충분히 이루어지도록 해놓고서, 당신 스스로 어려운 지경에 빠져보라. 그런 다음 당신은 다른 전선에서 보다 위급한 임무를 수행하도록 부름을 받았다고 핑계를 대고 그에게 야전사령관 직을 맡기라. 하지만 담당 지역의 군 병력 상황이나 지형, 적의 위치와 위력에 대해서는 함구해야 한다. 그러면 큰 소리쳤던 사령관은 이내 수세에 몰리게 될 테고, 그때 가서 당신은 그리 서둘지 말고 구원에 나서도록 한다. 단 그가 자신의 입으로 당신이 우월하며 자기가 무능력하다는 고백을 하기 전까지는 절대 움쩍하지 말라.

젊은 사람들이 당신에게 반항하지 못하도록 만들려면, 그들이 그림이며 음악, 조각 따위를 배우게 해서 여성적인 기질이 몸에 배게 하라. 또는 돈을 좋아하고 탐욕스런 부도덕한 선생들을 붙여서, 그들의 허물을 고쳐주는 대신 오히려 나쁜 습성에 빠지게 하라. 어떤 식으로든 약점을 가진 자들에게도 마찬가지로 대처하라. 절망에 빠진 사람에게는 침울하고 염세적인 하인을 붙여주면 더욱 나빠질 테고, 게으른 사람의 주변에는 별 볼일 없는 인간들이 서성이게 하라.

누군가의 의향이나 계획하는 일을 꺾으려면, 그 사람이 모르는 인물을 중간에 두고 문제의 인물이 주고받는 편지들을 사방에 흘리게 하라. 그러면 여러 사람들이 그의 생각이나 계획을 알게 될 테고 일이 제대로 될 리 만무하다.

또는 그 인물이 여러 일을 동시에 벌이도록 하라. 그러면 모두 실패할 수밖에 없다. 아니면 여러 일을 동시에 부탁하도록 하라. 보기 좋게 모두 거절당할 것이다.

또는 그 인물이 좋아하는 애완동물의 사료에 후추나 사프란 가루를 섞어 먹여 죽게 만들라. 말이 먹을 꼴시렁에 독초를 섞어 먹여 발작을 일으키게 해 탄 사람을 떨어지게 만드는 방법도 있다.

아니면 무서운 짐승과 싸우는 따위처럼 위험한 시도를 벌여서 무사히 빠져나오면 엄청난 상금을 준다고 약속하라. 그러면 설사 성공하더라도 얼이 빠져 있는 상태라서 당신이 쳐놓은 어떤 함정에라도 쉽게 빠져들게 마련이다.

여행

　　당신 수중에 돈이 얼마나 있는지 누구에게도 발설하지 말라. 반대로 돈이 너무 없다고 푸념하라.

　　다른 사람들이 분별없이 당신이 어디서 오는 길이냐고 물으면 대충 둘러대라.

　　누구에게도 당신이 어떤 목적으로 여행하는지 모르게 하라. 반면 다른 사람들이 무엇 때문에 길을 떠났는지 묻고, 신상에 관해 알아낼 수 있는 한 모조리 캐내라.

다투는 중에 끼어들지 말라. 도둑들은 흔히 싸움을 가장해 여행객의 관심을 끈 다음 갑자기 습격하거나, 가방을 훔쳐가는 수법을 쓰곤 한다. 만일 누가 당신을 비겁하다고 몰아세우면 못 들은 듯 행동하라.

모르는 사람이 옷을 너무 잘 차려입었거나 귀족처럼 치장을 했으면 믿지 말라. 도둑인 경우가 적지 않다.

침대에 눕기 전에 주위를 잘 살피라. 식사 전에도 마찬가지로 조심하라.

초대받은 집의 하인이 뛰쳐나와 당신의 가방을 들어주겠다고 해도 응하지 말라. 무엇이 들었는지 염탐할지도 모른다.

시간이 날 때마다 읽을 수 있도록 늘 책을 가지고 다니라.

당신이 신뢰하는 사람들하고만 여행을 떠나라. 그럴 경우에도 다닐 때는 그 사람들의 뒤를 따라가야지, 앞서지 말라.

미끄러운 길이나 경사가 가파른 길을 갈 때는 쇠를 박은 신을 신고 발끝으로 걷는 편이 보다 안전하다.

가능한 한 말수를 줄이라. 공연히 입을 열어 당신의 지갑이나 목숨을 위태롭게 해서는 안 된다.

자존심을 내세우지 말라

　당신이 정말로 중요한 일에 몰두하고 있을 때는 명예니 찬사 따위의 허영은 다른 사람들이 실컷 누리도록 하라.

　적이 항복하고 당신에게 도시를 넘겨주기로 했으면, 적에게 굴욕적으로 대하지 말고, 항복했다기보다 선의를 보여준 셈이라 역설하라. 마찬가지로 적들이 도시를 빠져나올 때는 그들의 깃발을 높이 세우도록 하고, 그 자체로 가치는 없지만 상징적인 의미를 가진 것들만 가지고 떠나도록 하라. 당신이 보다 큰 희생을 치르지 않고 도시를 차지했으며, 아군 포로들을 인수받고, 적이 황금과 무기들을 고스란히 버리고 떠난 바에야 더 이상 무엇을 바랄 것인가?

마찬가지로 이를테면 꽃처럼 섬세하고 진기한 가치만 가진 것들에 연연해 하지 말라. 다른 사람들이야 이런 것을 받으면 선물이라 여기겠지만, 당신은 그렇게 생각해선 안 된다.

다른 사람이 당신에게 약속을 지키지 못해서 야기된 손해를 보상해주겠다고 하면, 단호하게 거절하라. 허울 좋은 말일 따름이며, 어찌 됐든 당신은 상대가 약속을 지키지 않음으로써 초래된 손해를 고스란히 떠안은 셈이다.

영예며 명성 따위는 다른 사람들이나 실컷 가지라 하라. 대신 당신은 실질적인 권력을 거머쥐어야 한다.

당신이 명예를 동반하는 직책에 임명될 때는 동시에 당신의 경쟁자도 함께 임명되도록 해서 음모를 사전에 방지하도록 하라. 그래서 그 사람은 명예를, 당신은 현실적 이익을 챙기도록 하라.

비판과 책망

어느 누구를 책망하기 가장 좋은 때는 바로 그 사람이 당신에게 칭찬받길 기대하며 고개 숙여 예를 표하는 바로 그 순간이다.

고귀한 신분의 사람을 책망하려면 다음처럼 하라. 우선 대단치 않은 일이라도 칭찬함으로써 당신의 일이라면 발 벗고 나서도록 만드는 동시에, 그 사람의 친구를 중간에 세워 은근하게 잘못된 점을 일러주도록 하라. 그 인물이 맺고 있는 부적절한 관계를 청산하도록 할 요량이면 복잡한 일을 맡겨서 한눈 팔 여유를 주지 말라. 또 필요하다면 사람을 사서 염탐하게 하고, 올바르지 못한 일을 고하게 하라. 그러면 그를 당신 마음대로 손쉽게 훈계할 수 있다. 또한 그가 어떤 사람들과 친한지 알아두고, 행실이 나쁜 사람과는 관계를 끊도록 종용하라. 이성 때문에 문제를 일으킨다면 여성은 뭇 여성들과, 남성은 뭇 남성들과 어울리도록 만들라.

누군가의 삶의 방식을 바꾸려면, 그 사람이 가진 결점과 완전히 대조를 이루는 결점은 아닐지라도 적어도 반대되는 결함을 가진 사람들과 어울리도록 하라. 예를 들면 화를 잘 내는 사람은 소심한 사람과, 열광적인 사람은 게으른 사람과 짝을 이루도록 하라.

감정을 드러내지 말라

당신이 아랫사람들 사이에 떠돌지 말았으면 하는 분위기가 또다시 고개를 들더라도(예컨대 종교 공동체에서), 당신이 속으로 느끼는 감정을 드러내지 말라. 만일 적대감을 나타내면 오히려 반발심을 자극하고 저항을 불러일으킬 수도 있다. 이런 상황에서 최선책은 사람들 앞에 모습을 드러내지 않으면서, 당신과 같은 생각을 가진 사람들에게 협조를 요청하는 일이다.

당신이 도저히 속내를 감추기 힘들다면 연일 잔치를 벌여서 잊도록 하라. 그러면 다른 사람들은 당신이 기뻐하는지 또는 화가 났는지 종잡을 수 없다.

빌려주기

당신의 아랫사람이 타인에게 돈을 빌려줄 때마다 가능한 한 내역을 상세히 적은 차용증을 받도록 하라. 그래서 마치 당신이 직접 돈을 빌려준 듯 한눈에 훤히 알 수 있게 하라. 또 이런 요구를 아랫사람 스스로 알아서 한 것처럼 하라.

누가 돈을 빌려달라고 할 때 차마 딱 잘라 거절하지 못하는 경우, 당신 자신도 상당한 빚을 지고 있다고 핑계를 대거나, 마침 당신도 누구한테 돈을 빌리려던 침이었다고 둘러대라. 아니면, 돈을 빌리려는 사람에게 당장은 당신 수중에 돈이 없지만, 예컨대 그 사람 몫의 유산 상속권이나 빌리는 금액에 상응하는 물품을 맡기면 이자를 물 필요 없이 돈을 융통해 줄 수는 있다고 하라.

진심을 알아내라

어느 누가 당신의 정치적 입장에 관해 어떤 속내를 가지고 있는지 알아내는 방법이 있다. 우선 당신이 신뢰하는 사람이 문제의 인물에게 마치 자기 생각인 듯 꾸며 털어놓도록 하라. 또는 당신 자신이 작성한 문서를 엉뚱한 사람이 쓴 것인 양 가장하고 읽어줘라. 그래서 그 사람의 반응을 살피면 진실을 알아낼 수 있다.

친한 사람끼리는 선의가 작용한다. 따라서 냉정하게 판단하는 데 장애가 되기도 한다. 친구들이 우리를 과도하게 칭찬하고 용기를 북돋아주는 까닭은 그들이 진실하지 않아서가 아니다. 하지만 친구들이 보여주는 선의는 현실을 냉정하게 판단하는 것과는 상당한 거리가 있다. 현실에서는 어떤 사람에 대한 정보를 충분히 취합하고, 또 그의 행적과 일처리 방식을 자세히 검토한 뒤에나 칭찬해야 한다.

고소하기

    고소는 최후의 수단으로 생각하라. 더불어 판사와의 사이가 당신보다 가까운 사람은 절대 고소해서는 안 된다.

    당신이 고소할 때나 고소당할 때는 당신이 법적으로 정당한지 아닌지를 우선 따져봐야 하고, 당신 자신이 수세에 몰려 있는 듯 행동하라. 판사들을 찾아가고, 선물을 안기고, 식사를 대접하라. 한편 중간에 사람을 세워 소송 상대자와 합의를 이끌어내도록 노력하라. 소송 중에 상대가 어떤 질문을 던질는지 냉정한 머리로 짚어보고, 예상되는 질문 리스트를 세심하게 작성해서 답변을 준비하라. 한편 이 모든 절차는 완전히 비밀로 해야 한다. 어떠한 경우라도 현재 당신이 누리는 지위와 특권을 공개적으로 드러내서는 안 된다. 만일 그럴 경우 말이 퍼져나가고 상대에게 경각심을 불러일으킬 수 있다. 대신 당신은 소송 상대자의 성격에 관한 정보를 수집하고(성격이 강한 사람인가? 아니면 겁이 많은 사람인가?), 이를 토대로 소송을 준비하라. 상대가 과격한 성격이라면 재판 중에 갑작스레 불같이 비난을 퍼붓는 통에 말문이 막히는 사태가 없도록 해야 한다. 또는 상대가 미약한 성격이라면 재판을 질질 끌도록 하라. 한편 당신이 소송을 벌이기 전까지는 상대를 재판에 회부할 계획과 정확한 고소 내용도 비밀로 유지해야 한다. 상대가 갑작스레 고소를 당하게 하여 충분히 대처할 만한 여유를 주지 말아야 하는 것이다.

변호사를 잘 선택하라. 변호사의 역량이나 성격 따위는 전혀 상관없다. 오로지 판사와 좋은 관계를 맺고 있는지가 중요하다. 가능하다면 해당 판사를 당신의 송사에 개인적으로 연루되도록 만들어라. 만일 당신이 재판에 질 경우 판사 자신도 위험해질 수 있도록 해야 한다.

고소장을 읽을 때는 능숙한 법률가가 읽듯이 장엄한 어조가 아니라, 마치 친근한 사이에서 비밀을 털어놓듯 읽으라. 고소장에는 판사 자신도 가지고 있는 충격적인 세부사항을 양념처럼 섞어넣으라. 판사는 스스로가 숨겼으면 하는 내용이 담겨 있기 때문에 고소장의 진실성을 더욱 신뢰하지 않을 수 없게 된다. 고소장에서 암시한 세부사항이 판사 자신의 평판이나 지위, 심지어 생명까지 위협할 수 있는 내용이면 더욱 좋다.

판사 앞에서는 피고소인을 동정하고, 당신이 고소한 까닭은 오로지 공동의 선을 위해서란 사실을 역설하라. 또한 진실로 죄가 있다면 그것은 피고소인을 지금과 같은 지경으로 몰아넣은 운명의 잔혹함이라고 소리 높여 외치고, 당신이 피고소인과 같은 선량한 사람을 어쩔 수 없이 고소하게 되어 부끄럽기까지 하다면서 얼굴을 붉히라.

고소당하기

당신이 고소당한 사실을 모르는 듯 행동하라. 당신이 고소당한 바로 그 영역에서 처신방식을 바꾸지 않는 채로 계속 어긋난 듯이 하라. 그래야만 고소인이 자기 수작을 들켰다고 판단하고 더욱 중대한 조치를 취하는 위험을 면할 수 있다. 대신 고소인이 남을 밀고하는 못된 취미를 가진 고약한 인간이란 말을 기회가 닿을 때마다 하라. 더불어 설사 판사가 전쟁 중에 조국을 배신하는 더러운 인간이나 전혀 다를 바 없는 밀고자를 반길지라도, 저토록 비열한 밀고자와는 상대할 수 없으리라 덧붙이라.

당신이 겪어서 알 테지만 고소인은 예전에도 똑같은 방식으로 다른 사람들을 여러 차례 고소한 적이 있었다고도 말하라. 또 그런 종류의 인간은 법도 모르고 민간의 상식도 통하지 않는다는 말도 덧붙이라. 그렇기 때문에 판사는 다른 사람의 명예나 깎아먹는 그런 인간을 있는 그대로 보아야 한다는 말도 하라. 그런데도 만일 판사가 그런 인간을 편드는 일이 생긴다면 두고두고 후환이 미치리란 말도 하라.

당신 자신은 약간 침울하고 오만한 듯한 위엄을 보이라. 세상의 더러움에 지친 나머지 기분 전환 삼아 일에 몰두하는 듯이 하고, 또 실제로도 그렇게 하라. 그러면서도 당신을 고소한 사람에게 증오심을 드러내고, 고소인의 잘못으로 당신이 빠져들게 된 곤경에 대해 어떻게 대처할 것인지 연구하라. 마치 친구를 대하듯 고소인에게 조언을 구하기도 하라.

누군가가 당신과 제삼자와의 사이가 틀어지게 할 목적으로 당신이 더러운 짓을 했다고 비난하면, 당신은 제삼자에게 오히려 그 사람에 대한 칭찬을 쏟아 부어라.

소송 초기에는 오히려 상대가 당신을 고소하는 불법을 저질렀다고 주장하라. 또 이번 소송은 당신이 이미 죗값을 치른 사안들에 대해서 또다시 심의하는 것이라 말하라. 예컨대 당신을 고소한 사람이 지난해 법원의 결정에 따라 군대에서 쫓겨났다는 사실을 누설하는 것도 좋다.

고소당한 사안이 여럿일 때는 한꺼번에 모두 부인함으로써 신뢰를 잃지 않도록 하라. 오히려 사실이 아닐지라도 사소한 고발내용을 인정하며 당신이 정직하며 재판에 성실하게 임한다는 사실을 보이라. 흠잡을 데 없는 사람처럼 굴어서 좋을 건 없다.

만일 누가 당신을 윗사람에게 고발하면 윗사람이 그러라고 이르지 않는 이상 자신을 변호하려 하지 말라. 그러면 사태만 복잡해지고 더욱 곤란한 지경에 처할 수 있다. 절대 먼저 나서서 구차하게 변명하지 말라. 만일 윗사람이 언질을 주었을 경우라면 즉시 선수를 치고, 당신이 고발당한 사실을 고발하라.

지방이나 외국을 여행할 때

첫째, 매일 일기를 쓰지는 못하더라도 나중에 기억할 수 있도록, 당신이 겪었던 좋은 일과 나쁜 일을 그 지역 사람들은 이해하지 못하는 말이나 외국어로 빠짐없이 기록하라. 그래야만 기록장을 잃어버릴 경우에도 곤경에 빠지지 않는다.

둘째, 공공장소이건, 사적 장소이건, 신성한 장소이건, 세속적인 장소이건 간에 모든 것을 세심하게 관찰하라. 성당, 성소, 묘비명, 봉납물, 유명인의 무덤, 기념비, 오르간, 기둥……언덕이며 산, 숲, 계곡 등의 이름은 물론이고 생김새도 관찰하라. 강은 어디서 갈라지는지, 발원지는 어디고 본래 이름은 무엇인지 물어보라.

셋째, 공기가 어떠한지 조사하라. 예를 들면 로마의 공기는 타지 사람에게는 좋지 않으며, 볼로냐나 파도바의 경우는 대단히 훌륭하다. 낮과 밤의 길이에 대해서도 알아놓으라.

넷째, 도시들이 어디에 위치하는지 등의 지형학적 특징을 기록해두라. 광산이나 온천들에 관해서도 마찬가지다. 하천 유수량은 얼마인지, 종교축제일은 언제인지, 종루와 시계탑에 대해서도 최대한 알아두라. 나중에 이 모든 것에 대해서 세심하게 관찰해야 한다. 성들도 놓치지 말고 찾으라. 특히 독일과 빈, 스트라스부르, 라트부르크 등지의 성들은 눈여겨 볼 만하다. 매 도시마다 물은 어떻게 공급되는지, 볼 만한 예술 걸작들은 무엇인지, 예전에 어떤 식으로 침략당했는지, 유서 깊은 가문은 어디인지 등에 대해 물어보라.

다섯째, 성직자의 직책을 주관하는 종단들의 규율은 무엇인지 관찰하라.

여섯째, 당신이 여행하는 도시나 지방에서 사람들이 즐기는 예술은 무엇이고, 예술가와 장인들에 대해서도 물어보라. 그런가 하면 병기창과 무기 공장도 찾으라. 궁전과 축제, 연회 풍속, 여성 인구 비율에 대해서도 관심을 가지라.

일곱째, 해당 지역의 정치체제, 주교의 권한에 대해 알아보고, 귀족 가문의 결혼식과 사육제가 어떻게 행해지는지 물어보라. 주민들의 상업 활동과 부, 신앙심, 또는 선호하는 학문은 무엇인지에 대해서도 알아보라. 한편 다민족으로 구성되어 있으면, 개개의 민족이 갖고 있는 특성과 성향 그리고 다른 민족들과 대별되는 점은 무엇인지 최대한 정보를 수집하라. 특히 개개의 민족은 무엇을 좋아하는지 세심하게 기록해두라. 나중에 매우 유용하게 쓰일 수 있다. 어느 특정 민족이 유난히 좋아하는 것을 역으로 이용하면 쉽게 설복할 수 있다.

더불어 매 장소마다 필요하다면 간략한 스케치를 곁들여 사람들이 먹는 음식과 또 어떻게 먹는지를 기록하라. 정원과 동굴, 광산의 갱도를 잘 관찰하라. 다만 꼬불꼬불한 지하에 들어갈 때는 반드시 완벽한 상태의 램프와 기름을 충분히 지참해야 한다. 곳곳에 촛불을 켜두고 만일 당신 혼자서 지하에 진입해야 할 때엔 마치 아리아드네가 그랬던 깃처럼 긴 실을 준비해서 나올 때 붙잡고 나오라. 대개 땅속 공기는 탁하고 좋지 않은 냄새가 나니, 지하에 들어가기 전에 향수와 기름을 당신 옷에 듬뿍 뿌리라.

마지막으로, 여행하는 지역의 사람들에 대해서는 언제나 좋게 이야기하고, 그곳의 풍습이나 전통과 반대되는 것들에 대해서는 나쁘게 말하라.

이론서

　확인이나 예증, 단어의 배열과 위치, 연역, 증명과 논증, 삼단논법으로의 환원, 대개념을 상정하고 소개념을 보강하거나 두 개념 모두를 강화하는 방법, 긍정적 결론과 부정적 결론, 반박하는 방법, 담론의 축조, 문장 구성법, 수사학적 문채(文彩), 상대의 관점이 지니는 장단점 및 취약점과 변론의 근거 등에 관한 책들을 읽어두라.

　마찬가지로 당신이 행하는 담론이 어떻게 이루어져 있는지 연구하라. 형식적 관점에서뿐 아니라, 상대로부터 반박을 받을 경우를 가정해서 살피고, 당신이 하는 말이 어떤 반응을 불러일으킬는지 미리 예상할 수 있어야 한다. 당신이 하는 말 중 상대가 반박할 수 있는 부분을 예상해 대비하고, 반격을 개시할 수 있는 토대를 마련해놓아야 한다.

수사학에 관한 서적들을 읽으면서 당신의 담론방식을 어떻게 바꾸면 상대의 반박을 비껴갈 수 있을지 연구하는 한편, 이해하기 힘든 부분은 어째서 이해하기 힘든지 집중적으로 따져가며 탐구해 자기 것으로 만들라.

일반적인 것에서 특수한 것으로 너무 빨리 전환하지 말라. 예를 들면 물리학 서적에서 보듯이 처음엔 불의 기원에 관해서 논하다가 갑자기 건너뛰어 나무에 관한 이야기로 넘어가고 그다음엔 천사에 관한 이야기로 넘어가는 식이면 곤란하다. 또는 어느 신학자가 그런 것처럼, 신성(神性)의 개념을 논하다가 뜬금없이 신성이 구체적으로 발현되는 경우로 넘어가는 따위의 우를 범해서는 안 된다.

전문서는 한 번만 읽지 말고 여러 번 읽으라. 대개는 매번 다시 읽을 때마다 새로운 사실들에 눈을 뜨게 되는 법이다. 중요한 책은 아무리 주의 깊고 꼼꼼하게 읽더라도, 한 번만 읽어서는 책의 내용을 자기 것으로 만들 수 없다. 설사 전문가의 눈으로 짚어가며 읽어도 사정은 크게 다르지 않다.

고로, 읽고 또 읽으라. 우선 변증법논자가 토포스[11]라 부르는 각각의 경우에 따른 여러 논증방식을 전반적으로 파악하라. 그런 다음 단언적 논증과 모순적 논증, 방어적 논증의 원리를 이해할 수 있다. 그런 책들에서 당신이 품위 있는 말솜씨로 때론 여담을 섞어가며 보다 유연하게 대화를 이끌어나갈 수 있는 방법들을 배워, 의사나 박식한 사람들이 그렇듯 좌중을 압도하라.

---

11 | '토포스(topos)'는 원래 그리스어로, 장소를 뜻한다. 고대 그리스 철학이나 문학에서 특정 담론을 '공간적'으로 파악하기 위해 쓰였다. 현재는 의미가 전화(轉化)된 토픽(topic. 화제, 이야깃거리)이란 말에서 그 흔적을 찾아볼 수 있다.

❈ 이기기 위한 15가지 철칙 ❈

1. 당신의 친구들이 언젠가 적이 될 수도 있다는 사실을 알고 행동하라.
2. 같은 이해집단 내에서 어느 한 사람이 지나치게 많은 권력을 쥐면 위험이 발생한다.
3. 무언가 얻길 원한다면 손에 틀어쥐기 전까지는 그 사실을 아무에게도 말하지 말라.
4. 악을 이기려면 우선 그 정체를 파악해야 한다.
5. 평화적으로 해결 가능한 일을 전쟁이나 소송으로 이기려 하지 말라.
6. 커다란 이익을 바라고 다른 사람의 일을 돕느니 차라리 약간의 손해를 감수하는 편이 낫다.
7. 일을 너무 강하게 추진하면 큰 위험에 봉착할 수 있다.

8. 중앙이 양쪽 끝보다 언제나 낫다.

9. 상대방에게 아무 말도 하지 않으면서 알아낼 것은 모조리 알아내라.

10. 편안하게 지내려면 모든 당파와 일정한 거리를 유지하라.

11. 언제고 모든 사람에게 어느 정도의 불신감을 품으라. 다른 사람들이 당신을 좋게 생각한다는 환상을 버리라.

12. 어느 당파가 수가 많고 힘이 세지면 설사 당신 수하의 당이 없더라도 나쁘게 얘기하지 말라.

13. 당신이 느끼는 그 어떤 감정에도 휩쓸리지 말라.

14. 누구에게 선물을 줄 때나 연회를 베풀 때는 전쟁에 임하듯 하라.

15. 비밀 근처에도 가지 말고, 당신 목을 따겠다고 호언장담하는 도망친 죄수도 접근하지 못하도록 하라.

이기는 자를 위한 4가지 핵심사항

다음의 네 가지를 항상 염두에 두어야 한다.

1. 흉내 내라, 감추라.
2. 아무도 믿지 말라.
3. 모두에게 듣기 좋은 말만 하라.
4. 행동하기 전에 생각하라.

흉내 내라, 감추라

모든 사람에게 친한 듯이 대하라. 모든 사람, 심지어 당신이 증오하는 사람하고도 격의 없이 대화하라. 용의주도함을 단련할 수 있는 좋은 기회이기 때문이다.

어떤 경우에도 분노를 감추라. 수많은 덕행을 쌓아서 얻은 명성보다 한 번 화를 내서 잃게 되는 명성이 더 크다.

복종심을 보다 쉽게 이끌어내려면 하기 쉬운 일을 부과하도록 하라. 두 종류 일 중 하나를 선택해야 한다면, 수많은 난관을 극복해야 하는 일보다는 쉽게 이룰 수 있는 쪽을 고르라.

당신의 의중이 무엇인지, 당신이 어느 정도까지 알고 있는지, 당신이 무엇을 원하는지, 당신이 무슨 일에 전념하고 또 두려워하는지 아무도 모르게 하라.

종교 행사가 지루하다는 내색도, 독실한 신자인 체하지도 말라. 설사 미미한 폭력이라도, 목적을 이루려고 사용하는 폭력은 절대 금물이다.

아무도 믿지 말라

누가 당신의 칭찬을 과도하게 할 때는 수상하게 여겨야 한다.

그 누구에게도 비밀을 말하지 말라.

다른 사람들은 당신이 조금의 실수라도 저지르길 기다렸다가 일러바치려 한다는 사실을 잊어서는 안 된다.

누가 당신을 비판하거나 욕할 때는 당신의 덕을 표적으로 삼는다.

친구는 존재하지 않는다. 오직 가까운 척하는 사람들만이 있을 뿐이다.

모두에게 듣기 좋은 말만 하라

당신이 누구 얘기를 하든 언제나 좋은 얘기만 하고 절대 나쁘게 얘기하지 말라. 제삼자가 듣고서 당사자에게 말을 옮기지 않도록 하기 위해서이다.

당신의 윗사람들에 대해서는 오로지 좋은 얘기만 하고, 당신에게 도움이 될 만한 사람들에 관해서도 높이 찬양하라.

어떤 옷을 선물로 받든, 무엇을 대접받아 먹든, 최고의 옷, 최고의 음식이라 칭찬하라.

행동하기 전에 생각하라

더불어 말하기 전에 생각을 해야 한다. 당신이 좋게 말하고 행동한 것은 변질될 위험이 거의 없지만, 그렇지 못할 경우엔 부풀려지고 왜곡되기 십상이다.

지금 이 순간에도 보이지 않는 누군가가 당신을 염탐하거나 당신의 말을 엿듣고 있을 수 있으니, 조심하라!

저자 연보

1624년 : 7월 14일, 이탈리아 남동부에 위치한 아르부치 지방의 페시
나에서 출생하다. 청소년 시절 로마에 있는 예수회 학교에
서 우수한 성적을 나타내다. 그 후 스페인의 알칼라데에라
레스 대학에서 법학을 공부하다.

1624년 : 콜론나 가문 소속으로 교황청 군내에서 대장직을 맡다.

1625년 : 로레토에서 성탄절 밤에 종교적 신비체험을 하다.

1628년 : 밀라노 주재 교황 특사인 사케티의 비서로 임명되다.

1630년 : 만토바 공국 계승문제를 둘러싸고 스페인과 프랑스가 전쟁
을 벌이던 중에 사케티 특사의 후임자인 안토니오 바르베
리니 추기경에 의해 프랑스에 파견되어 리슐리외 추기경과
협상을 벌이다. 리슐리외 추기경에 완전히 매료되어 그에
게 헌신하기로 결심하고, 양국 진영을 오가며 평화를 독려
하다.

1632년 : 로마로 귀환한 후 바르베리니에 의해 미술가와 음악가들의
모임에 가입하다.

1634년 : 교황 특사에 임명되어 프랑스 궁정에 파견되다. 그곳에서 리

슐리외의 편에 서게 되고, 프랑스 국민에게 헌신하다. 그 후 이탈리아에 돌아와서 교황청 내에 친프랑스파를 이끌다.

1639년 : 프랑스의 루이 13세가 그를 추기경으로 천거하고, 프랑스 국적 취득 문서를 하사하다.

1640년 : 교황청의 외교관 생활을 청산하고, 프랑스 관리가 되기 위해 파리에 도착하다.

1641년 : 교황 우르바누스 8세와 리슐리외의 도움으로 추기경에 임명되다.

1644년 : 리슐리외가 사망하고(1642년), 루이 13세가 사망하다(1643년). 섭정 모후 오스트리아의 안이 어린 국왕 루이 14세를 대신해서 마자랭을 재상에 임명하다. 같은 해, 마자랭은 베스트팔렌의 뮌스터에서 평화협정을 추진하다.

1648년 : 베스트팔렌 조약을 맺는 데 성공함으로써 독일에 평화를 확립시키다.

1653년 : 섭정 오스트리아의 안과 재상 마자랭에 대항하기 위해 비롯됐던 프롱드의 난이 마침내 진압되다.

1654년 : 마자랭이 심혈을 기울여 교육을 담당했던 루이 14세가 왕위에 오르다. 그 후로도 국왕을 도와 프랑스 절대왕정이 확립되는 데 크게 기여하다.

1658년 : 영국과 동맹을 맺는 조건으로 된 전투에서 스페인의 됭케르크 요새를 빼앗아 영국 측에 양도하다.

1661년 : 3월 9일, 한 달여의 투병 끝에 뱅센 성에서 사망하다.

옮긴이의 말

~~~~~~~~~~~~

나는 우연한 기회에 이 책을 발견하고서 단숨에 읽어가는 동안 내내 놀라움을 금할 수 없었다. 그저 마자랭 추기경에 관해서는 리슐리외 추기경의 뒤를 이어 프랑스 절대왕권 확립에 크게 기여했던 재상(마자랭 추기경은 '태양왕' 루이 14세의 후견인이자 아버지와도 같은 존재였다) 정도로만 알고 있던 나는, 이 책을 읽고 나서 마자랭이란 인물 자체에 커다란 호기심을 갖지 않을 수 없었다. 이 책의 구절구절마다 배어나는 경륜이며 전례를 찾아보기 힘든 빼어난 지적 역량과 에민성은 말할 것도 없고, 인간이 상상할 수 있는 온갖 종류의 권모술수와 처세의 지혜를 손바닥 뒤집듯 펼쳐 보이는 그는 과연 어떤 사람이란 말인가? 뻔뻔함을 넘어 전율을 느끼게 하고, 우아한 수사의 이면으로 서릿발 어린 비수를 번뜩이는 이 인물이 과연 17세기 프랑스를 이끌었던 명재상 중 하나인 바로 그 마자랭 추기경이란 말인가? 책 전체에 넘쳐흐르는 거짓과 간계는 역겨울 정도이고, '실용적' 처세서의 가치로만 보자면 오히려 마키아벨리의 『군주론』이 무색할 정도다.

하지만 나는 이 책에 담긴 부도덕하고 사악하기까지 한 간계와 기만술의 묘미를 어느 정도 맛보고 나서, 마자랭 추기경이 항상 권고하듯 냉정을 회복하려 애를 쓰며 나름대로 몇몇 생각을 가다듬어보았다. 우선, 마자랭 추기경이 살았던 시대가 그 어느 때보다도 힘겨운 난세(亂世)였다는 생각을 떨칠수 없었다. 지위나 명예는 고사하고 목숨조차 보전하기 힘든 난세였던 만큼, 생존과 승리를 위한 처세술 또한 특별하지 않을 수 없었으리라. 사실 난세 아닌 시대가 없겠지만, 난세 중의 난세라 여겨지는 요즈음의 우리에게도 절실하게 다가오는 책일 수도 있을 것이다. 반드시 '이기기' 위해서가 아니라, 적어도 간계로 이기려는 이들에게 넋 놓고 '당하지' 않기 위해서라도 말이다.

내가 가져봤던 두 번째 생각은 이 책에 간직된 통찰력에 관한 것이었다. 통찰력은 깊고, 대단히 예외적인 것으로 판단된다. 이 책에서 마자랭이 소개하는 모든 처세와 지혜의 바탕에는 오랜 경험과 인간에 대한 깊은 이해, 그리고 탁월한 직관력으로 길어낸 심리학적 깊이가 자리한다고 여겨진다. 특히 마자랭의 처세술은 움베르토 에코의 표현에 따르자면 '자아의 심리학'에 속하는 것으로, 인간의 속성과 대인관계의 핵심이 무엇인지를 꿰뚫고 또 이를 적극적으로 활용한다는 점에서 빼어난 심리학서로도 읽힐 수 있다. '처럼'과 '듯이'란 말이 난무하는 가운데, 번쩍이는 철가면 뒤에 깊숙이 얼굴을 감춘 주체의 모습은 프랑스의 정신분석학자 자크 라캉의 유명한 개념인 '이마지네르(Imaginaire)'의 살아 있는 표본이라고 할 수 있다. 마자랭은 이를테면 '현혹'과 '착시'의 전략을 극대화함으로써 자기 자신을 철저히 감춘 채로 도달하고자 하는 목표에 근접하는 고도의 정치력을 구사하는 셈이라 할 수 있다. 다른 관점의 이야기지만, 현대의 광고 전략이나 마케팅 등이 모두 '이미지'에 기반을 두고 있는 이상, 이미지 관리의 '달인'이라 할 수 있는 마자랭에게서 많은 것을 배우고 이끌어낼 수 있을 것이다.

한편 마자랭은 이 책에서 처세술에 중점을 두고 있긴 하지만, 못지않게 원칙을 고수할 것과 남다른 금욕주의를 강조하고 있다는 점 또한 결코 놓칠 수 없다. 왜냐하면 그는 인간사의 메커니즘과 권력의 생리를 꿰뚫는 통찰력을 가져야 한다고 역설할 뿐만 아니라, 이러한 역량을 실제로 얻으려면 극도의 인내와 자기 억제력이 필요하다는 사실을 일깨우기 때문이다. 솔직히 말해, 보통사람은 도달하기 힘든 경지라고 여겨진다. 마자랭이 일단 재상의 지위에 오르고 나서부터 죽는 순간까지 오랜 세월 동안 정상을 지킬 수 있었던 것은 바로 이 같은 뛰어난 처세술과 강인한 정신력을 함께 갖췄던 비범한 인물이었기에 가능했으리라. 누가 감히 마자랭을 처세에만 능한 모사꾼이라 부를 것인가.

마지막으로 한 가지 덧붙여야 할 것은 이 책은 원래 마자랭 추기경이 라틴어로 집필한 책이지만, 번역자가 그 원전을 찾을 수 없었던 까닭에 어쩔 수 없이 차선책으로 프랑스어판(*Bréviaire des politiciens*, Arléa, 2001)에 의거해서 우리말로 옮길 수밖에 없었다는 사실이다. 앞으로 라틴어 원전이 확보되는 대로 꼼꼼한 대조를 통해 보다 완벽을 기할 작정이다. 이 점에 대해서 독자 여러분에게 깊은 양해를 구하고자 한다. 하지만 이 책의 텍스트가 격언이나 경구에 가까운 비교적 간결한 문장들로 구성되어 있는 까닭에 원저자의 의도에서 크게 벗어나지는 않았으리라고 스스로 위로해본다.

번역자가 나중에서야 비로소 깨달은 사실이지만, 비록 이 책이 프랑스어판에 의거해서 우리말로 옮긴 것이긴 하지만, 그럼에도 라틴어 특유의 함축적이고 논리적인 면면이 크게 손상되지는 않은 듯하여 참으로 다행스럽게 생각한다. 어쩌면 마자랭 추기경이 어째서 이 책을 프랑스어가 아닌 라틴어로 집필하고 싶어했는지 짐작케 하는 대목인지도 모른다. 어쨌든 서술방식에서 함축과 생략의 기법이 유난히 돋보이는 이 책에서 행간을 읽고 논리의 연결고리를 찾아가며 음미해야 하는 기쁨은 온전히 독자 여러분의 몫이다. 마치 마자랭 추기경처럼, 은근한 미소를 지은 채 입에는 쓰디쓴 독초를 씹으며……

2007년 7월

정재곤

이기는 자의 조건

1판 1쇄 펴냄 2007년 7월 30일
1판 3쇄 펴냄 2007년 8월 17일

펴낸곳 궁리출판

지은이 쥘 마자랭
옮긴이 정재곤
펴낸이 이갑수
편집주간 김현숙
편집 변효현
디자인 이현정, 전미혜
영업 백국현, 도진호
관리 김옥연

등록 1999. 3. 29. 제300-2004-162호
주소 110-043 서울특별시 종로구 통인동 31-4 우남빌딩 2층
전화 02-734-6591~3
팩스 02-734-6554
E-mail kungree@chol.com
홈페이지 www.kungree.com

ISBN 978-89-5820-102-1   03320

값 9,500원